治安維持法一〇〇年

「新しい戦中」にしないために

荻野富士夫・歴史教育者協議会（歴教協）編

大月書店

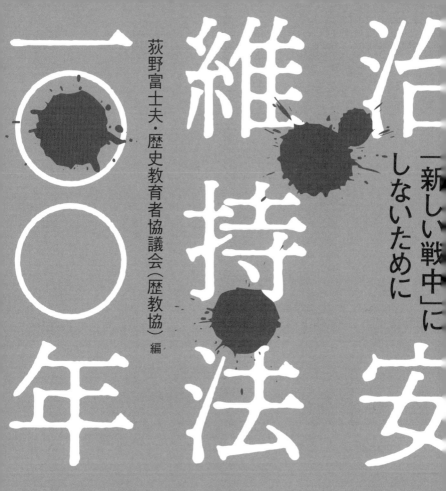

凡例

一、引用史料は、旧漢字は新漢字とした。また、巻末の資料を除き、カタカナはひらがなに改めた。
一、引用史料には、必要に応じて句読点、ルビを付した。
一、引用史料中の〔　〕は執筆者による注記である。

はじめに

治安維持法は一九二五年に制定されました。しかし、帝国議会で簡単に制定されたわけではありません。議会内外から激しい批判の声があがりました。衆議院議員の清瀬一郎らが権力の濫用を招くと反対しました。日本弁護士協会も反対表明の決議をあげました。当時の新聞も批判的な記事を掲載しました。『東京朝日新聞』（一九二五年一月一七日）は社説で「全く人権蹂躙《じゅうりん》言論抑圧の結果となり」と主張しました。全国各地で治安維持法反対集会が開催されました。こうした反対の声や運動を押し切って治安維持法は成立したのです。

治安維持法は猛威をふるいました。山田洋次監督の映画『母べえ』（二〇〇八年公開）には、早朝、暗闇を衝いて特高（特別高等警察）が土足で家のなかに踏み込み、父親のドイツ文学者を治安維持法違反で逮捕するシーンが出てきます。映画の原作者の子どもの頃の実体験をもとにしたものです。教員にも特高警察の目が光りました。壺井栄の小説『二十四の瞳』では、大石先生が近くの町の小学校の稲川先生のつくった文集「草の実」のなかの綴り方を子どもたちに読み聞かせていたことがわかり、その文集を先生たちが焼却してしまいます。小学校の児童の文集も危険視され、稲川先生は治安維持法違反で「牢獄につながれ」ました。

治安維持法は最初のうちは慎重に運用されましたが、二度の「改正」を経て、共産主義運動から自由主義や民主主義をめざす運動や宗教まで取締り対象となりました。ひとたび法律ができれば、その運用の権限は権力の側がもつことになり、治安維持法は「法の暴力」という正体をあらわにしました。

植民地の朝鮮・台湾、傀儡国家「満洲国」でも、治安維持法が運用され、日本国内以上に過酷で徹底的な弾圧がおこなわれました。台湾や韓国では、一九八〇年代までの軍事独裁政権のもと、植民地時代の治安維持法を想起するような厳しい治安体制が敷かれていました。現在、香港では国家安全維持法（国安法）が制定され、韓国では現職大統領が「非常戒厳」を発令する事態となっています。治安維持法は日本だけでなく、東アジアの国々や地域にも深い爪痕を残すことになりました。

治安維持法は一九四五年に廃止されました。これによって「法の暴力」の時代は終わりましたが、政府は「悪法も法」と居直り、治安維持法による被害者にいまだ謝罪も反省もしていません。そればかりか、「現代の治安維持法」とも呼ぶべき法律が次から次へと成立しています。国民の知る権利など憲法の基本原理に反する「特定秘密保護法」、犯罪の行為ではなく意思そのものを処罰する「共謀罪法」、さらに「安保三文書」や「経済安保」も科学・技術と研究者を軍事研究に協力させるシステムを構築しています。学問研究のアカデミーである日本学術会議の会員が時の政権によって任命拒否される事件も起こりました。また、「公共の福祉」を名目に「通信の秘密」を侵害するおそれのある「能動的サイバー防御」法案の成立をめざしています。

私たちの日常生活にも治安対策や政治的中立を名目にした表現や言論への抑圧が強まっています。選挙の街頭演説にヤジを飛ばしたら警察官に排除されたり、「梅雨空に『九条守れ』の女性デモ」と詠んだ俳句が公民館だよりに掲載されなかったりする出来事が相次いでいます。「自由にものが言え、自由に表現できる」という当たり前のことが失われ、異論や疑問が封じられ、萎縮していく空気が蔓延しています。

本書は、植民地も含めた戦前の治安維持法体制、それに抗した人びと（主に思想・教育の分野で）、戦後から現在にいたる治安維持法体制の連続と新たな展開、学校教育における治安維持法の扱いを中心に編集しました。治安維持法制定から一〇〇年が経ちました。すでに「新しい戦前」は進行しつつあり、現在は「新しい戦中」とも呼ぶべき事態に迫りつつあるのではないでしょうか。治安維持法がどのような社会をつくったのか、どういう人びとが弾圧されたのか、そしてそれにどのように抗したのかを学び、知るために、本書が広く活用されることを願っています。

『治安維持法一〇〇年――「新しい戦中」にしないために』編集委員会

目次――治安維持法の一〇〇年――

第3章　治安維持法は今も生きている

第4章　治安維持法はどう教えられているか

関連地図（1930年代後半）

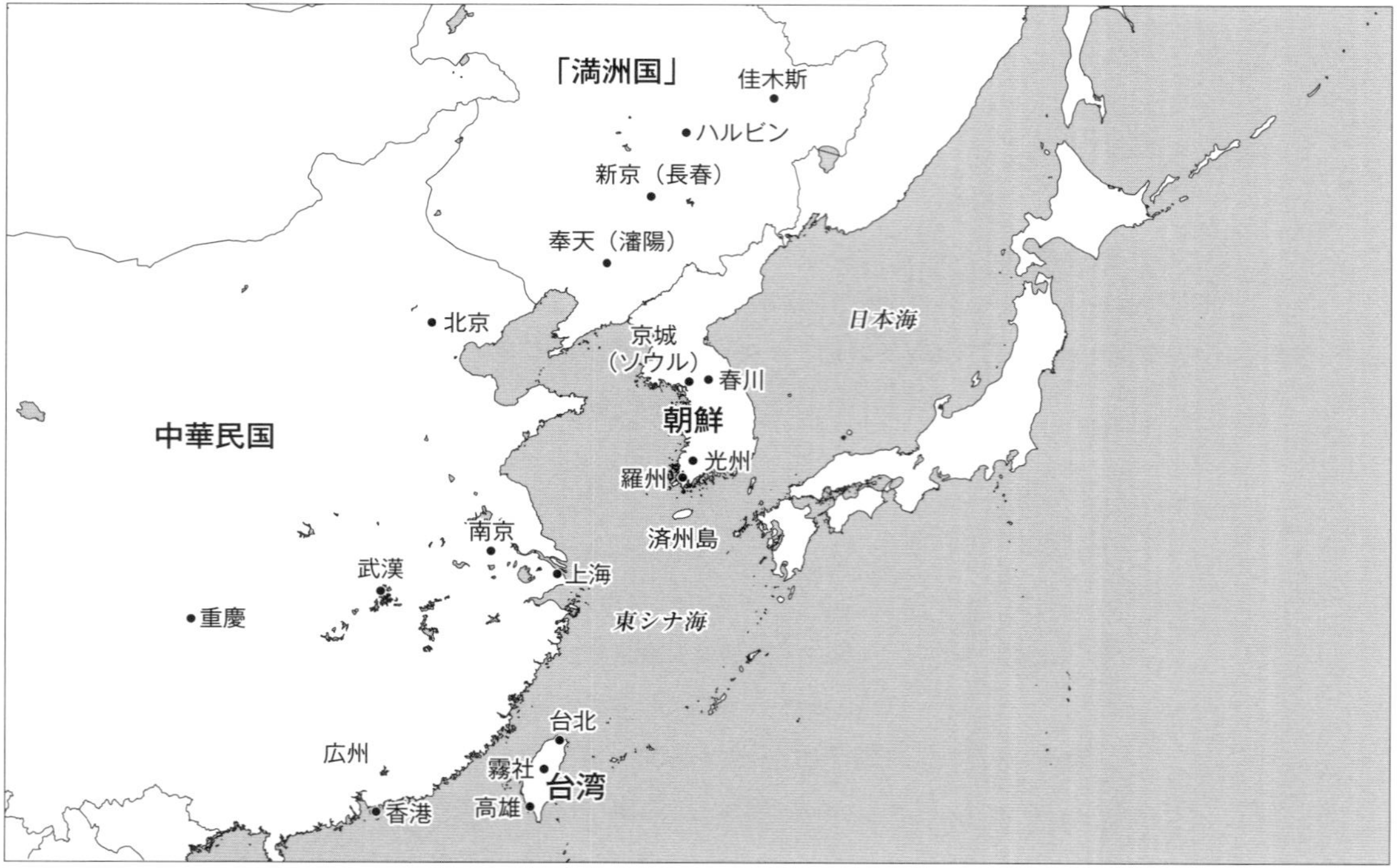

「満洲国」地図

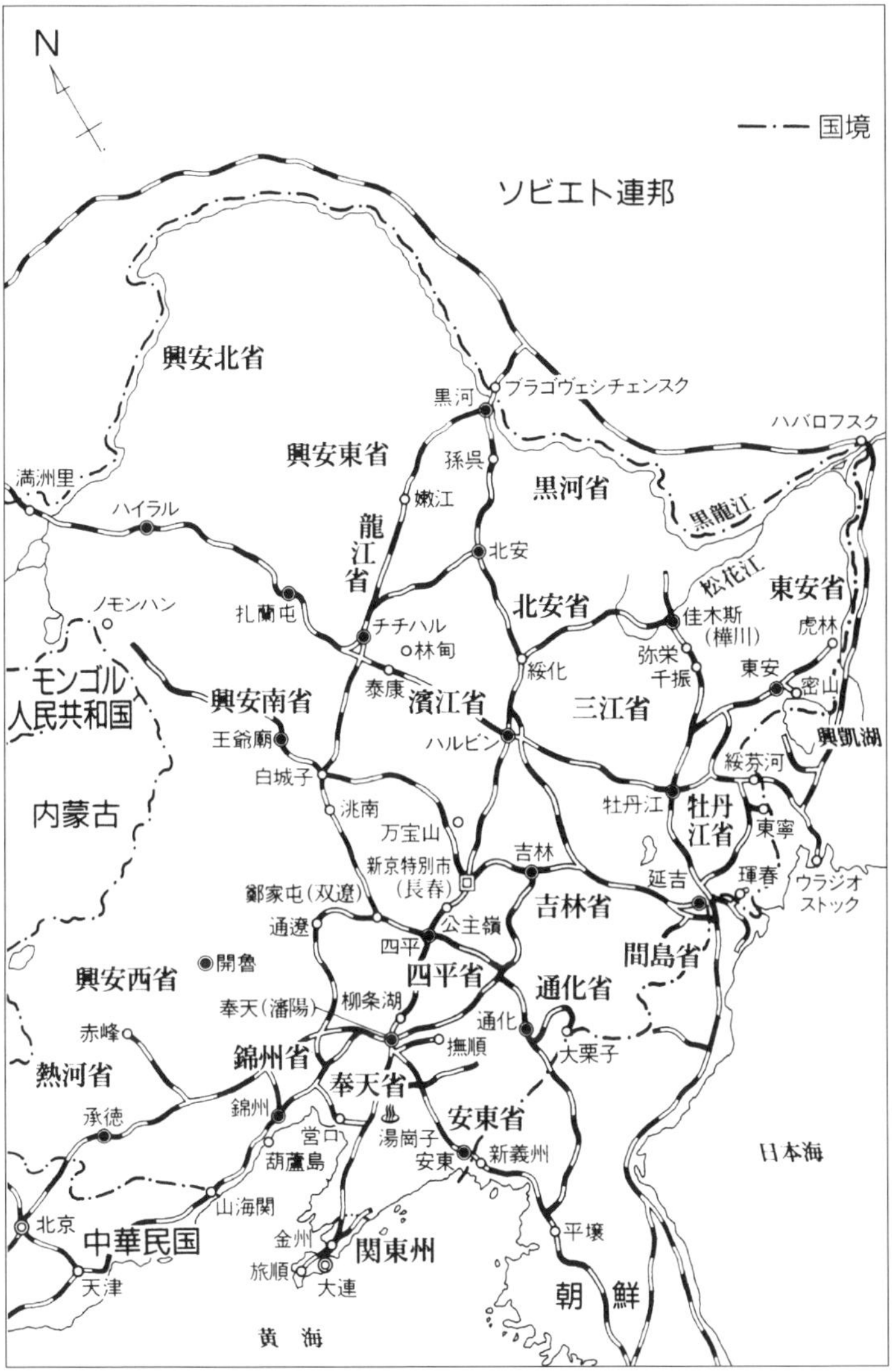

注：省制は1941年７月の改正による。◉は省公署所在地を示す。

出典：山室信一『キメラ――満洲国の肖像　増補版』中公新書，2004年

第１章　治安維持法とは何だったのか

1 戦前の治安維持法体制
――植民地朝鮮・台湾、「満洲国」における運用を視野に

荻野　富士夫

（1）成立から廃止まで

治安維持法は一九二五年に制定され、四五年に廃止されるまでの二〇年間に社会変革の運動や思想を抑え込み、戦争遂行の障害とみなしたものをほぼ完璧に封殺した。その意味を考えるうえで日本国内（内地）に限定されることなく、植民地の朝鮮・台湾において、さらに傀儡《かいらい》国家「満洲国」においてより厳重に苛酷に運用されたことを視野に入れる必要がある。

過激社会運動取締法案の廃案

一九二〇年八月、原敬首相は元老山県有朋と会談し、「思想問題に至りては実に重大なりとて……是は国家の為に何とかせざるべからず」（原奎一郎編『原敬日記』第五巻、福村出版、一九六五年）という認識で一致した。一七年のロシア革命および一八年の米騒動に象徴されるような世界的な変革の機運に対処するために進められていた内務・司法省の治安法立案は急がれ、過激社会運動取締法案として二二年に第四五議会に提出されるが、貴族院で二度の修正を受けた末に廃案となった。新聞・知識人・

労働運動だけでなく議会内からも条文中の「無政府主義、共産主義其の他に関し」、「社会の根本組織」、「宣伝せんとしたる者」などの曖昧さに批判が集中し、反対運動が高まったためであるが、それでも「過激思想の取締」自体は肯定され、「完全なる法案」の再提出が要望された。内務・司法省の立案作業はつづけられた。

一九二三年九月の関東大震災直後の治安確保のためとして、「安寧秩序を紊乱《びんらん》する者」や「治安を害する事項」流布を処罰する緊急勅令「治安維持の為にする罰則に関する件」（治安維持令）が施行された。しかし、どさくさ紛れにつくられた出来の悪さゆえに実際の適用件数は少なく、新治安立法の待望論が高まった。一二月の虎の門事件（難波大助による摂政裕仁の暗殺未遂事件）により、「共産主義者等の今後の取締方針等」にそって立案が本格化した。その草案のなかには「国体」の語が組み込まれていた。

治安維持法の成立

治安維持法の第五〇議会での成立は、普通選挙法の成立および日ソ国交の成立と関連している。議会提出に際しては天皇の輔弼《ほひつ》機関である枢密院から強い圧力が加えられた。また、加藤高明内閣が護憲三派を与党としたこと（一部は反対を貫く）に加えて、法益の主眼を無政府主義・共産主義の「宣伝」や「流布」の取締りから、「国体」変革や「私有財産制度」否認を目的とする「結社」の組織・加入の取締りに転換し、「完全なる法案」らしく見せたことも大きい。さらに第一条に盛り込まれた「国体」

を前に議員たちは金縛りの状態となった。

若槻礼次郎内相は「健全な無産運動」を対象としないと説明したが、むしろ「ずっと其予備の又予備のようなものまでも処罰しようとする」（三月七日、貴族院委員会）という小川平吉法相の本音の吐露が、その後の拡張につぐ拡張を予告することになった。

施行後しばらくは国内での運用に慎重だった。司法省・検察主導による最初の発動となる一九二六年初頭の京都学連事件（第2章1参照）では第二条の「協議」罪を適用する。二番目となる二七年の道北のプロレタリア文化運動である北海道集産党への弾圧では第一条を適用するが、「私有財産制度」否認（「国体」変革を除く）となっていた。

緊急勅令による治安維持法「改正」

全国で約一六〇〇人を一斉検挙した一九二八年の三・一五事件は治安維持法の本格的な発動となった。非合法下の日本共産党を「金甌《きんおう》無欠の国体」変革の結社とみなし、「不逞《ふてい》性」を強調する。福岡地方裁判所の三・一五事件公判における検事の論告草案には「被告等は実に我国体を変革し、君主制を廃滅し、我社会及経済両組織、其他総てを呪咀《じゅそ》粉砕せんとした」として、「法の認容する範囲に於て最も重刑を求むるを相当とすべき事態」とある（「共産党事件論告要旨」『現代史資料　18　社会主義運動史（五）』みすず書房、一九六六年）。これを好機として特高警察の大拡充や思想検事の拡充、思想憲兵の創出などを実現させるとともに、緊急勅令による「改正」の断行により治安維持法体制を確立した。

一九二八年六月の緊急勅令による「改正」では「国体」変革の結社行為の最高刑を懲役一〇年から死刑に引き上げ、「国体」の不可侵性を高め、それに歯向かう「不逞の輩」という強制的道徳律の機能を埋め込んだ。「天皇の警察」を自負する特高警察を小林多喜二の死に象徴される拷問にかきたてたのも、この「国体」観念であった。

検挙したものの共産党員ではないために司法処分ができなかった事態を念頭に「改正」治安維持法に組み込まれた「目的遂行罪」（当初は共産党の活動を支える行為とされたが、すぐに拡大解釈された）は、労働運動やプロレタリア文化運動の外廓団体・救援会などに対する運用で大きな威力を発揮していく。起訴者中の「目的遂行罪」適用の割合は、一九二八年が二一％だったのに対して三〇年には六二％に急伸する。

図1　岡本一平「法相の無理押し」

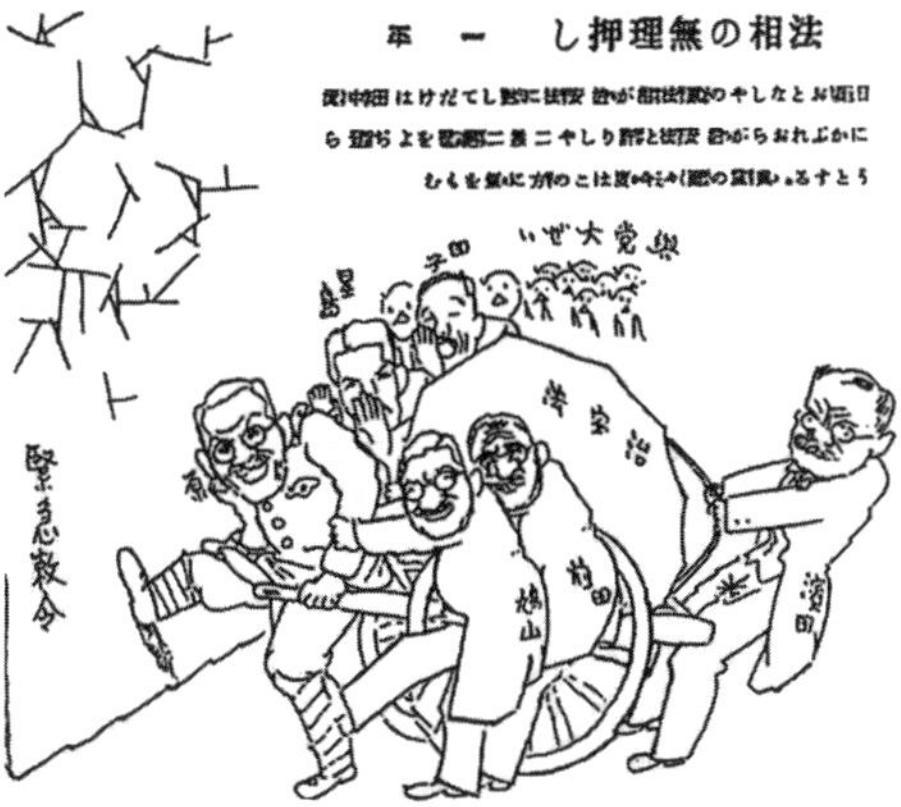

出典：『東京朝日新聞』1928年5月30日。

一九三〇年代前半の治安維持法の全開

警察での検挙・取調べ後、検事局送致後の起訴か不起訴、地方裁判所予審における公判請求か免訴、公判における有罪（実刑か執行猶予）か無罪という司法処分の過程をたどるが、三・一五事件後の司法処分の罪の適用は第一条前段、つまり「国体」変革に収斂した。これに連動して「国体」観念自体を拡張させ、一九三三年には日本共産党・日本共産青年同盟以外に日本労働組合全国協議会を新たな「国体」変革結社とし、弾圧を集中させた。取締り側が「共産主義運動」とみなす領域は「目的遂行罪」も活用して自在に拡大し、検挙者数は急増した。プロレタリア文化運動の多くの団体も解散を強いられた。どれほどこの法律が取り締る側にとって重宝なものだったかは、「至れり尽くせりのこの重要法令」（木下英一『特高法令の新研究』一九三二年）という位置づけが雄弁に物語る。

　治安維持法による処罰は懲役刑と禁錮刑の選択であったが、「国体」変革を企てる「不逞の輩」ゆえ破廉《はれん》恥《ち》罪に等しいという道徳的な非難が込められた懲役刑がほとんどとなった。

　警察における治安維持法違反の検挙者は統計によれば国内では七万人弱で、そのうち約一割が起訴されて有罪となる。ほかに正規の手続きを

表1　日本国内における治安維持法の適用状況

	検挙数	起訴（起訴率）	起訴猶予	留保処分
1928	3,426	525（15%）	16	-
1929	4,942	339（7%）	27	-
1930	6,124	461（8%）	292	-
1931	10,422	307（3%）	454	67
1932	13,938	646（5%）	774	717
1933	14,622	1,285（9%）	1,474	1,016
1934	3,994	496（12%）	831	626
1935	1,785	113（6%）	269	186
1936	2,067	158（8%）	328	56
1937	1,313	210（16%）	302	-
1938	982	240（24%）	382	-
1939	722	388（54%）	440	-
1940	817	229（28%）	315	-
1941	1,212	236（19%）	355	-
1942	698	339（49%）	548	-
1943	600	224（37%）	310	-
1944	501	248（50%）	160	-
1945（5月まで）	109	106（97%）	39	-
合計	68,274	6,550	7,316	2,668

出典：1928年から1936年までは『治安維持法関係資料集』第2巻，1937年から1945年5月までは同第4巻より作成。

ふまない膨大な検挙と検束があった。三〇年代前半には検挙者が年に一万人を超える状況がつづき、取締り側はほぼ三五年頃には共産党の組織的な運動を壊滅させた（表1）。

この勢いに乗って、さらに治安維持法運用の拡大と厳罰化を意図した「改正」案が一九三四年と三五年の議会に提出・審議されるが、いずれも議会では廃案となった。それでも「其業就《な》らずと雖《いえど》も、今後に於ける此種事案の取扱並に法令の運用は専ら改正法案の趣旨に準拠せらるべきこと」（深谷成司編『改正治安維持法法案　現行治安維持法解説』一九三五年）というご都合主義的な解釈により、三〇年代後半のさらなる運用の拡張の道を開いた。

思想犯保護観察法

治安維持法違反者のうち思想転向者に対してはふたたび罪を犯す危険を防止し、非転向者に対しては転向を促進するという趣旨で、思想犯保護観察法が一九三六年五月に公布、一一月に施行された。前述した治安維持法「改正」案のなかに盛り込まれていた「保護観察」の部分を実現させた。

処分期間は二年、対象となったのは起訴猶予者・執行猶予者・仮釈放者・満期釈放者である。転向確保のための「思想の指導」と職業斡旋・就学・復校などの「生活の確立」をめざすとされたが、重点は前者にあり、完全な転向と認められるまでは処分が更新された。全国に二二の保護観察所を設置し、保護司による監視のもと、定期的な思想チェックがなされるほか、通信・交友や旅行・転居も制限された。一九四一年の治安維持法改正により、非転向・準転向者は「予防拘禁」制の対象候補者となった。全期間の処分者は五〇〇〇人を超え、ＧＨＱ「人権指令」によって廃止となる四五年一〇月の時点でも二〇〇〇人を数えた。この制度は朝鮮と租借地の関東州でも施行されている。

一九三〇年代後半の治安維持法運用の拡張

「共産主義運動」とみなす領域の拡張が二つの意味でなされたことが一九三〇年代後半の特徴である。一つは、社会民主主義運動・思想が新たな取締り対象となったことである。三七年・三八年の人民戦線事件では日本無産党や日本労働組合全国評議会の幹部、「労農派」とされる大内兵衛・有沢広巳らが検挙された。もう一つは「目的遂行罪」のさらなる拡張で、共産党やコミンテルンについての認識さえあれば、文化運動や研究活動でも「究極」においての論法により「国体」変革にかかわるものとして検挙・処罰することが可能となったことである。生活主義教育事件（第2章5・6参照）や唯物論研究会事件（第2章4参照）などが該当する。共産主義の「温床」とみなされた自由主義・民主主義への抑圧取締りも強まった。

また、「国体」否認とみなされた宗教教義も取締りの対象とされていった。一九三五年の大本教事件を突破口に、新興仏教青年同盟や無教会派キリスト者へ発動がつづく。思想検事の取調べの様子を、日本ホーリネス教会の牧師だった安倍豊造は「一色刷りの御都合的調書を作り上げようとするに至っては、法治国の人民としての人権を無視し、一方的に、しかも信仰を解し得ない頭をもって罪人ときめてかかる威かくと押しつけででっち上げる調書作りを予定しているとしか思えなかった」と証言する（「われらを試みにあわせず悪より救い出し給え」山崎鷲夫編『戦時下ホーリネスの受難』新教出版社、一九九〇年）。

これらの拡張は「国体」の威力を縦横に振りまくなかで可能となったものであり、戦争遂行体制を構築していくための治安体制徹底の要請にもとづいている。

拡張に拡張を重ねた解釈による運用は当事者にとっても「今や解釈運用の限界点に到達し」（池田克『治安維持法』一九三九年）と認識されるようになり、一九四〇年五月の思想実務家会同では「無理に有らゆる方面から証拠を蒐集して」、「解釈を最大限度に拡張して、辛うじて時代の要求に応じて居る状態」と運用の苦労が語られ、治安維持法「改正」が要望された（『思想実務家会同議事録』「思想研究資料特輯」第七九号、一九四〇年八月）。

新治安維持法

一九四一年三月、治安維持法は二度目の「改正」を実現する。拡張解釈の限界に達した条文を運用の実態に合わせるという転倒ぶりであった。

一九二五年制定時には七条の条文だったものが六五条となるほどの変貌ぶりで、新治安維持法と呼ぶべき内実となった。新たに「国体」変革の準備結社や支援結社および集団、それぞれの「目的遂行」行為など、およそ考えられるものすべての処罰を網羅した。「国体」否定の概念の導入により宗教結社や集団の処罰も可能とした。「刑事手続」では審理の促進と簡易化が図られた。非転向者への

「予防拘禁」も導入された。

この新たな運用に際し、ある思想検事は「最高度の早期検挙を断行し」、「一網打尽以て抜本塞源《そくげん》の実績を挙《あ》ぐること」などという方針を示した。法解釈の限界性から解き放たれた特高・思想検事は、戦争遂行への批判や疑義をもつ集団・個人を、地表下からえぐり出していった。その典型的な事例が神奈川県特高課による「横浜事件」（第3章2参照）である。

一九四五年八月の敗戦後も日本政府は治安維持法運用の継続を図ったため、GHQは「人権指令」を発して治安維持法を廃止し（一〇月一五日）、特高警察を解体した。しかし、治安体制維持の理念や人脈は継承され、「逆コース」の出現のなかで復活していく（コラム4参照）。五二年制定の破壊活動防止法は治安維持法の再来といわれ、大きな反対運動が展開された。

表2　朝鮮治安維持法違反事件人員

年別＼事由別	検挙	起訴	起訴猶予
1928	1,418	496	60
1929	1,282	447	-
1930	2,133	558	71
1931	1,755	659	151
1932	4,393	1,022	1,110
1933	2,039	543	678
1934	2,067	520	706
1935	1,696	478	661
1936	667	246	238
1937	1,228	413	573
1938	987	283	348
1939	790	366	163
1940	286	141	72
合計	20,741	6,172	4,831

出典：朝鮮総督府『思想犯保護観察制度実施の状況』（1941年12月），『治安維持法関係資料集』第3巻。

（2）植民地朝鮮・台湾における治安維持法の運用

植民地朝鮮・台湾における治安維持法の運用状況

それぞれにおいて治安維持法がどのように運用されたのか、全般的な特徴を見よう。

朝鮮の場合、一九四一年以降を含めた治安

表3　台湾における治安維持法違反処分者

区分／年度	警察・検察局						予審		死亡	摘要
	検挙総数	法院送致	予審請求	起訴猶予	起訴中止	不起訴	予審免訴	公判請求		
1926	1	1	1	－	－	－	－	1	－	
1927	85	50	28	－	7	14	21	7	1	
1928	81	42	19	－	4	19	1	18	1	
1929	2	2	－	－	－	2	－	－	－	
1930	－	－	－	－	－	－	－	－	－	
1931	158	124	60	7	13	48	－	46	3	予審中12
1932	310	154	87	4	1	60	－	3	2	予審中82
1933	6	5	－	－	－	2	－	－	1	検察局捜査中2
1934	158	25	－	－	4	－	－	－	－	取調中
計	701	403	195	11	29	145	22	75	8	

出典：拓務省管理局「台湾に於ける思想運動調査資料」(1935年3月,『治安維持法関係資料集』第2巻)。

表4　台湾における治安維持法違反人員

区別／年度	検察官受理人数			起訴	起訴猶予	其他（中止処分）	未済
	旧受	新受	計				
1931		86	86	24	1	5	56
1932	56	226	282	55	7	57	163
1933	163	98	261	75	1	55	130
1934	130	2	132	1	47	83	1
1935	1	170	171	6	58	29	78
1936	78	272	350	30	279	38	3
1937	3	21	24	4	14	6	－
1938	－	3	3	1	1	2	－
1939	－	4	4	－	2	2	－
1940	－	141	141	62	10	69	－
計	431	1,023	1,454	258	419	346	431

出典：「公文類聚」第65編・1941年・第1巻（国立公文書館所蔵）。

維持法運用二〇年間の検事局受理数は約二万五〇〇〇人、起訴者数は約七〇〇〇人となる。起訴率を見ると日本国内（内地）のほぼ三倍であり、より厳重な運用がなされたことを示している（表2）。朝鮮において治安維持法体制を補強したのは、保安法（韓国統監府期の一九〇七年）と三・一運動を抑え込んだ「政治に関する犯罪処罰の件」（制令第七号、一九一九年四月）であった。

台湾における全期間の検察の受理数は約二〇〇〇人、起訴者は約五〇〇人と推定されるが（表3・4）、朝鮮の三分の一ほどの面積・人口に比してもかなり少ない。それは一九二〇年代以前の社会運動空白期が影響している（その空白期を生み出したのは、台湾領有初期の軍事討伐と並行した匪徒《ひと》刑罰令を駆使した「法の暴力」である。「匪徒」に対する死刑判決は四三二二人におよぶ）。台湾において治安維持法体制を補強したのは、治安警察法（二三年一月から施行）や出版関係法令であった。

日本国内と朝鮮・台湾を通じた運用の共通点として、懲役刑に実質固定したこと、目的遂行罪を駆使した拡張解釈が広くおこなわれたこと、一九三〇年代前半を発動のピークとしたこと、三〇年代後半には宗教の領域に発動されたこと、戦時下において総力戦遂行の障害とみなしたものを排除する武器として機能したことなどがあげられる。

朝鮮における治安維持法運用の苛烈さ

第四五議会で治安維持法案の審議がなされているとき、一九二五年二月二三日の『東亜日報』の社説「治安維持法と朝鮮との関係」では、全般的にすでに「法律の適用と条文の解釈が日本よりはるかに過酷である」としたうえで、「従来の新聞紙法や制令〔「制令第七号」〕になお治安維持法が加わり、三重の拘束に縛られるようになる」と憂慮を表明した。施行を前に、四月三〇日の『朝鮮日報』社説「再び治安維持法の実施に対して」は「ここに不幸な一群の魚族がいる……たとえ巧妙な漁夫の手際《てぎわ》でなくとも十分その一挙手一投足で一族を奪われるところだが、いわんや緻密な漁網と悪辣《あくらつ》な手際で不意打ちを仕掛けさえすれば、一網打尽にした一族全員を滅亡させることなどは朝飯前の簡単なことなのだ」と論じた。実際にそのとおりとなっていく。

被疑者・被告の取調べ状況を見ると、拷問は日常的で日本国内以上の苛烈さだったといわれる。一九二七年一〇月の京城地方法院の朝鮮共産党事件公判では鐘路警察署の「椅子を横に置き其の上に坐らせ、両手を首の背後に曲げ紐で両手を縛りましたので、私は其の苦痛に堪え兼ね、四、五回倒れました」などの拷問が暴露され、警察官が告発された（検察では不起訴。「京城地方法院検事局資料」国史編纂委員会所蔵）。予審訊問でも暴力が振るわれた事例がある。拷問による自白の強制以外にも、警察・検察・予審の各「訊問調書」作成では虚偽の自白が挿入されるなどの偽造がしばしばなされた。

検察による起訴は日本国内と台湾ではほとんど「予審請求」となるが、朝鮮では民族独立運動事件の場合、法院への「公判請求」となり、すぐに公判となる場合が多かった。共産主義運動事

図2　日本の治安維持法の実施

出典：『開闢』64（1925年12月）。

件では法院への「予審請求」となる。

治安維持法の運用を通して日本国内では警察による拷問死は多数あったものの、判決として死刑が科された例はなかった（ゾルゲ事件の量刑は国防保安法の適用）。一方、朝鮮における治安維持法違反事件では暴動・騒擾や資金獲得のための強奪などにともなって、殺人・放火などとの併合罪となった。現時点で四八人に死刑判決が下されたことが確認されている。その典型的事例が間島五・三〇事件公判で、最終的に一八人が死刑となったが、そのうちの一人は中国共産党員としての活動のみで死刑を科された。

朝鮮の場合、起訴猶予や執行猶予は少ない。また、懲役六月という判決があったように、軽微な事案にも実刑が科された（日本国内では実刑は懲役一年以上）。

判決を通して見た朝鮮の治安維持法運用

日本国内では「国体」変革は天皇制の打倒を図るものとされたが、朝鮮においては朝鮮独立運動・思想を処断するものとなった。一九三一年六月の高等法院（第三審）の朝鮮学生革命党員に対する判決には「苟《いやしく》も朝鮮の独立を達成せんとするは、我帝国領土の一部を僣竊《せんせつ》して其の統治権の内容を実質的に縮少《ママ》せしめ、之を侵害せんとするに外ならざるを以て、治安維持法に所謂《いわゆる》国体の変革を企図するものと解するを妥当とす」（韓国・国家記録院「独立運動判決文」）とあり、これは判例となった。

一九三九年の江原道春川中学校生徒らの常緑会事件に対して一二月末の京城地方法院は治安維持法

第一条第一項を適用し、一〇人に懲役二年六月を科した（第2章7参照）。読書会の活動が「朝鮮独立の目的達成の為めの闘士を養成し、究極に於て朝鮮をして日本帝国の羈絆《きはん》より離脱独立せしむる」とみなしたもので、ここでも「究極」という飛躍の論理が用いられている（朝鮮総督府高等法院検事局思想部『思想彙報《いほう》』第二二号、一九四〇年〔復刻版〕）。

独立を掲げない共産主義運動・思想の処罰では、「改正」法第一条第二項の「私有財産制度」否認が適用された。一九三三年一二月の京城覆審法院（第二審）の定平農民組合事件に対する判決では「朝鮮に於て私有財産制度を否認し、共産主義社会制度を実現せしむる目的」が違法とされ、五九人に懲役六年から二年を科した。「其の仮面の下」および「其の裏面に於て」組織した農民組合を秘密結社として処罰した（朝鮮総督府高等法院検事局思想部『思想月報』第三巻第一〇号、一九三四年〔復刻版〕）。

日本国内の司法処分がほぼ第一条適用に集中したのに比べて、朝鮮では第二条の協議と第三条の煽動の適用が合わせて一割前後あったと思われる。一九三四年一一月の清津地方法院の判決では発覚しやすい結社の組織を避けて、まず「労働者農民層に於ける意識分子を物色獲得して、之に口頭に由る方法に依り共産主義的意識を注入訓練して教養を施しつつ、其の運動線を全鮮に拡大し、適当の時期到来せば秘密結社を組織し、漸次所期の目的を達成せんことを協議したる」とした。二人の被告の量刑は第二条違反として、懲役一年六月・執行猶予五年となった（『日帝下社会運動史資料集』第七巻、韓国学術情報、一九九一年）。

「秘密結社」といえば日本国内においてはほぼ単一に日本共産党を意味していたが、朝鮮では多様な「秘密結社」を認定し、第一条の発動を容易にした。新聞の見出しを拾えば、「大邱四大秘社事件廿五名判決言渡　八名に体刑、十七名に執猶　最高懲役二年半」（『毎日申報』一九三二年一二月四日）、「恐るべきテロ的秘密結社　安渓農民組合の活動　端《はし》なくも暴露さる」（『朝鮮新聞』一九三三年一二月二九日）などとなる。

一九三〇年代後半からは宗教団体への発動がなされた。四〇年一〇月、全州地方法院は黄極教事件の殷世龍《ウンセヨン》に懲役四年、金霊植《キムリョンシク》に三年六月の判決を言い渡した。「黄石公教《ファンソクコンキョ》に入教し、天書十六字なる呪文を唱うるに於ては天、地、水災等の三災八難を免《まぬか》るべしと宣伝して教徒を獲得し、漸次独立意識を教養したる上、裏面の朝鮮独立の目的を有することを告げて結社に加入せしむること」を図り、朝鮮独立の際は之を利用しようとしたとして第一条第一項前段の「国体」変革を適用した（『思想彙報』第二五号、一九四〇年一二月）。

社会運動全般が封殺されるなか、朝鮮の文学・歴史・文化の尊重を志向する集団に治安維持法はそれらを民族主義への萌芽とみなして襲いかかった。一九四二年八月、水原高等農林学校で組織された諺文《おんもん》研究会会員を一斉検挙した水原警察署の報告には、被疑者の生徒らは「東寮精神を発揮昂揚することは朝鮮民族独立運動の根源にして、其の実践の第一着手として朝鮮国の存在は朝鮮語の存否に依り左右せらるるものなるが故に、諺文研究会を組織し広く会員を獲得し、民族意識の昂揚を図ることを謀議した」とある（『韓民族独立運動史資料集　六九　戦時期反日言動事件Ⅳ』大韓民国教育部国史編纂委員会、二〇〇七年）。

一九四二年一〇月、朝鮮語辞典の編纂をおこなっていた朝鮮語学会員に対する検挙は二九人におよんだ。四四年九月の咸興地方法院の予審終結決定書には「民族運動の一形態としての所謂語文運動は民族固有の語文の整理統一普及を図るの一の文化的民族運動たると共に、最も深謀遠慮を含む民族独立運動の漸進形態なり」とある（「朝鮮語学会参考資料」『韓』第六巻第九号、一九七七年）。四五年の判決では五人が懲役六年から二年を科された。高等法院に上告したが、棄却となったのは敗戦直前の八月一三日だった。

判決を通して見た台湾の治安維持法運用

台湾の社会運動について、総督府官房法務課「思想犯罪概説」（一九三四年、国史館台湾文献館所蔵）は「共産主義と謂《い》い、民族主義と謂うも……畢竟《ひっきょう》するところ、民族意識の発露に外ならず」とするとともに、いずれも中国本土と深いかかわりがあると見ている。

運用初期は無政府主義運動や上海の留学生を軸とした民族独立運動への発動だった。一九三〇年代前半に運用は全開となった。共産主義運動方面では台湾共産党のほか、台湾赤色救援会、台湾文化協会や台湾農民組合内の左派に弾圧が向かった。三四年六月の台湾共産党に対する台北地方法院の判決では「政治上に於ては本島に於ける総督政治を転覆して台湾を日本の国より独立せしめ、労農無産階級独裁の政権を樹立して我国体を変革し、経済上に於ては諸企業、土地、資本及其他総ての生産資料を独裁政治に没収して私有財産制度を廃絶」することを目的としていたとして、一〇人に懲役一五年から一〇年という厳罰を科した（「台北地方法院—刑事判決原本」、「日治法院档案」資料庫、台湾大学図書館）。

民族運動では台湾民主党事件や衆友会事件などに発動されるが、ここでは一九三六年一〇月、生徒一八人が検挙され、四人が起訴された台湾二中「列星会」事件を見よう。三八年四月の台北地方法院判決では生徒らは「何れも予《かね》て民族意識に燃え……入学後頻発せる同校内台人〔内地人と台湾人〕生徒間の不和軋轢《あつれき》等より内地人に対し、延《ひい》ては我帝国の台湾統治に対し痛く反感を抱き居たるもの」とする。三六年四月に組織した列星会を「革命手段に依り台湾を我帝国の統治下より離脱独立せしめ、以て台湾に於ける日本帝国の統治権を排除し、我国体を変革することを目的とする秘密結社」とみなして、第一条第一項を適用した。四人に懲役三年半から三年が言い渡された（「台北地方法院—刑事判決原本」、「日治法院档案」資料庫）。

日中戦争全面化以降、一九四〇年代前半を通じて治安維持法は民族独立運動への追撃に活用された。台湾独立・中国復帰を志向する運動と思想がえぐり出された。最後と見られる事件の四五年三月の台北地方法院の判決では「日本の敗戦の危機到来に乗じ、島内に革命的の暴動を企図して帝国の統治権を覆滅《ふくめつ》すべしとの信念を抱懐するに至り……殊に青年階級の民族意識昂揚の基底たるべき民族文化の発揚振興の為めに」知人と協議したとして懲役五年を科した（「台北地方法院—刑事判決原本」）。

治安維持法の施行は台湾側にとって緊急性があったわけではなく、したがって発動件数も朝鮮に比してかなり少ないが、その運用は厳重で、量刑も日本国内よりも重かった。台湾においても少なくとも二人に死刑判決が下されている。

図3　東港鳳山事件（1941年）の拷問図（戦後の回想）

出典：「東港鳳山事件」国家発展档案管理局（台北）所蔵。

一九四一年一一月に二二人が検挙された東港鳳山事件では「日英米開戦必至にして開戦せば帝国敗戦は決定的にして、米英軍来攻亦《また》必然的なりとし、其の機会を利用し全島一斉に蜂起し来攻米英軍を援助し、之をして台湾を占領せしめ、台湾より帝国の勢力を駆除し、以て台湾の独立を実現せんと計画したるもの」という構図が激しい拷問により作り上げられた。高雄地方法院は「無名の秘密結社」の組織が台湾独立＝「国体」変革を目的としたとして、第一条を適用し、死刑・無期懲役各一人などの厳罰を下したが、高等法院上告部判決では無期懲役・懲役一五年に減刑された（「東港鳳山事件の概要」、国家発展档案管理局所蔵档案）。

「光復」と治安体制の解体

一九四五年八月の朝鮮の「光復」＝独立を象徴するように、一五日から一六日にかけて治安維持法違反の受刑者・未決被告らが釈放された。一五日から二〇日の公判では、検事による公訴取消を受けて一八件の「公訴棄却」が確認できる。一一月九日の同様な六件の決定は、朝鮮人裁判官によってなされている（「独立運動判決文」）。

実質的に機能を停止していた治安維持法は九月二一日、アメリカの軍政長官の「指令(法令)第五号」でその廃止が指示され、一〇月九日の法令第一一号で正式に廃止となった。しかし、植民地統治を保障した治安維持法体制が一掃される一方で、新たな治安体制の構築が進み、一九四八年一二月には治安維持法を継承したといわれる国家保安法が施行された。同法により検挙・立件された人員は、一年間で治安維持法運用二〇年の総計約二万五〇〇〇人の三倍以上にのぼった。

台湾では朝鮮の即時「光復」と対照的に「緩慢」な治安体制の動揺と解体を遂げており、それは日本国内の状況に近い。一九四五年一〇月五日の中華民国軍の進駐まで、総督府下の治安体制は存続した。一〇月二五日、総督府統治の消滅とともに治安維持法は正式に廃止となった。

国民党軍政下の治安体制が確立すると、一九四七年には二・二八事件の大弾圧(外省人と本省人「台湾人」との衝突によって生じた大規模な流血事件。軍の鎮圧による犠牲者は二万八〇〇〇人以上といわれる)があり、その後も「白色テロ」がつづいた。一九四九年には戒厳令とともに懲治叛乱条例が制定され、軍事独裁政権を支えた(九一年廃止)。戒厳令が解除される八七年には動員戡乱《かんらん》時期国家安全法が発効した。

(3)「満洲国」における運用

暫行懲治盗匪法と暫行懲治叛徒法

「満洲国」においては一九四一年一二月二七日に日本の治安維持法を母法とする「満洲国」治安維持法（全一一条）が施行され、反満抗日運動の司法的弾圧に大きな威力を発揮した。

その残虐性は治安維持法の前史ともいうべき暫行《ざんこう》懲治《ちょうち》盗《とう》匪《ひ》法《ほう》（全九条）と暫行懲治叛徒《はんと》法（全一九条）の猛威にさかのぼる。これらは「満洲国」建国から半年を経た一九三二年九月に施行された。盗匪法は反満抗日運動に対する軍事討伐を形式的な司法処分によって補完したもので、とくに第七条は「軍隊部隊を為す盗匪を剿討《そうとう》粛清するに当りては臨陣格殺《りんじんかくさつ》し得るの外、該軍隊の司令官其の裁量に依り之を措置することを得」とされ、交戦現地における投降者らの「厳重処分」という殺害を合法化した。第八条では同様に警察隊長の「裁量措置」を規定する。三七年以降は盗匪法の発動が漸減しながらも、なお四一年までの検挙者は合計で一万五〇〇〇人弱に達した（表5）。

表5　暫行懲治叛徒法・盗匪法の犯罪統計表（1937〜40年）

罪名＼年次	暫行懲治叛徒法		暫行懲治盗匪法	
	検挙件数	検挙人員	検挙件数	検挙人員
1937	157	179	7,046	8,734
1938	182	260	3,301	3,324
1939	213	268	1,644	1,725
1940	34	69	323	955
計	586	776	12,314	14,728

出典：満洲国治安部警務司編『満洲国警察史』1942年（復刻版1976年）。

叛徒法第一条は「国憲を紊乱《びんらん》し、国家存立の基礎を急殆若《もしく》は衰退せしむる目的を以て結社を組織したる者」の処罰で、「首魁は死刑」などと規定され、公判は二審制とされた。主に一九三〇年代後半の思想事件の司法処分に活用された。三五年の吉林高等法院は二人に叛徒法第二条を適用し、「徒刑〔懲役〕一五年」を科した。「中国共産党が満洲国社会制度を打破し、革命の手段に依り無産者独裁政治を実現せしむることを目的とする秘密結社」であることを認識して、加入したという認定である（法曹会編『最高法院刑事判決例集』）。叛徒法は次第に発動が増え、検挙者は三七年から四〇年までで八〇〇人弱となる（表5）。

これら一連の治安法の運用では検挙と取調べは関東憲兵隊が主導した。一九三八年にはあえて日本の三・一五事件にならって、三江省において中国共産党北満省委員会などに対する大弾圧をおこなっている。佳木斯《ジャムス》憲兵隊勃利分隊の土屋芳雄の手記「三・一五事件と憲兵」（中帰連平和記念館所蔵）によれば、取調べは「共産党なるが故に日頃より更に強度な水攻め、火攻め、電気、棍棒殴打の拷問に苦痛の悲鳴と泣き声、反抗の怒声は憲兵の訊問のダミ声と入り混《ま》ぢてあたりを覆《おお》い、街ち《ママ》行く人の耳を覆った」という虐待ぶりだった。叛徒法違反で一〇三人が起訴され、八人が死刑、五人が無期徒刑となる。

思想司法体制の整備

一九三〇年代後半、軍事討伐に代わって法治的に反満抗日運動・思想に対峙するために、「満洲国」では思想司法体制の整備拡充を急いだ。司法処分は日本から出向した検察官や審判官があたった。三八年、「検察乃至《ないし》審判の迅速徹底と既発事件処理の遅延によりて生ずる余弊の一掃を図」るとして、高等法院と最高法院に「共産主義其の他不逞思想運動」を専門に扱う治安庭を設置し、高等法院を第一審とした（司法部大臣官房資料科『司法要覧』一九四〇年）。これに関与する検察官・審判官はすべて日系に限られる。連動して司法部刑事司に思想科を新設し、大阪地方裁判所検事局思想検事の杉原一策が科長に就任した。

一九三八年には思想検事の先駆で東京保護観察所長であった平田勳が最高検察庁次長に就任し、思想司法の中核を担った。前後して多くの日系司法官が任用された。その一人、東京刑事地裁判事から奉天高等法院審判官になり、その後チチハル・錦州・ハルビン高等法院次長を歴任する横山光彦《てるひこ》の赴任動機は「新興〝満州国〟の空気を吸って日本に帰れば、多少とも日本司法部に清新な空気を吹き込むことができる」（横山光彦『望郷——元満州国裁判官の抑留受刑記』サイマル出版会、一九七三年）というものであったが、三倍程度の高給に魅かれて「満洲国」に赴任する者もあった。多くは三年程度で日本司法界に復帰する。

図4　関東憲兵隊司令部全景（左手奥は関東軍司令部）

出典：奈良県立図書情報館所蔵「新京名勝十六景」。

「満洲国」治安維持法の制定と発動

「満洲国」では一九四一年八月、「治安維持上特に重要にして、且《かつ》急速に処置することを要する事件を処理す」るために高等法院に特別治安庭を設置し、法院以外の場所での開廷、官選弁護人の不選任、銃殺による死刑執行を可能とした。熱河省での反満抗日運動の高まりに対処するためだった。

アジア太平洋戦争開戦後からまもなくの一二月二七日、暫行懲治叛徒法と暫行懲治盗匪法に代えて治安維持法が施行された。一二月二〇日、『満洲日日新聞』は「国本攪乱《かくらん》を許さず　治安維持法制定不逞分子に断」と報じた。「国体の観念を明徴にし、国体の変革を目的とする犯罪及国体の否定事項流布を目的とする犯罪に関する規定を設けたること」に加えて、「建国神廟又は帝室の尊厳冒瀆《ぼうとく》事項の流布を目的とする犯罪に関する規定を設けたること」として「類似宗教団体」に対する処罰規定を新設した（八田卯一郎［司法部参事官］「満洲国治安維持法の解説」『法曹雑誌』一九四二年二月）。「国体」とは「満洲国」の「国体」である。いうまでもなく日本の新治安維持法に範をとっているが、「刑事手続」の規定や「予防拘禁」は見送られた。

一九四二年三月の司法官会議で最高検察庁次長石井謹爾は「底流には共産主義思想其他反国家思想抱懐者の策動之れなしとしない」として、「反国家的行動に出づるものありたるときは機を逸せず、迅速果敢なる検挙断圧《ママ》を敢行して之を潰滅し、以て彼等に蠢《しゅん》動《どう》の余地を与えざる」ことを指示する（司法部『第十一次司法官会議録』）。

施行直後、新京・奉天などの主に国民党系の学生・文化人らが一斉検挙され、二三九人が新京・奉天などの高等検察庁に送致された。経済部財務職員訓練所生が組織した読書会を「民族意識啓蒙を目的とせる文芸作品の読書会等により革命的同志の獲得を目ざし」、「革命意識の昂揚」を図るための「秘密結社」と認定した。このうち一九四三年三月の新京高等法院の判決は無期徒刑四人、徒刑一五年三人などとなった。

一九四一年一一月、チチハル鉄道局を中心に中国共産党北満省委員会の指導下に「大日本帝国の軍隊を満洲国から追放し、国土を回復し、大日本帝国を滅ぼす目的で団体、つまり第一執委部会を組織すること」を目的に同志の勧誘・獲得や北満抗日救国会チチハル分会の組織などの活動にあたったとして、一三五人が検挙された。「田白工作事件」と呼ばれた。四二年一二月のチチハル高等法院治安庭（審判長横山光彦）の判決は三人が死刑、六人が無期徒刑となった（以上、中央档案館など編『東北歴次大惨案　日本帝国主義侵華档案資料選編』）。死刑はチチハル監獄で執行された。

西南地区粛正工作と特別治安庭の活用

「満洲国」日系官僚のトップの一人で総務庁次長だった古海《ふるみ》忠之は撫順戦犯管理所での「供述書」（一九五四年）に、一九四二年以降は「治安工作の重点を熱河省に指向」し、西南地区粛正工作を断行したと記している。「八路軍を中心とする愛国工作を徹底的に阻害覆滅せんとし」、「愛国者又は無辜《むこ》の人民を屠殺、拷問其他残忍な危害を加え、特別治安庭に送致して何等の救済法なき非道なる裁判制度に依り極刑を科した」とする（中央档案館編『日本侵華戦犯筆供選編』7、中華書局、二〇一五年）。

粛正工作の重点は熱河省の「興隆県と青龍県の中共系組織」の破壊におかれた。一九四二年上半期の検挙者は約一三〇〇人で、このうち約五〇〇人を検察庁に送致したとする（関東憲兵隊司令部「満洲共産抗日運動概況」一九四二年）。「満洲国」警務総局特務処『特務彙報』第四号（一九四三年）掲載の「特高関係主なる検挙者一覧表」によれば、四三年一月から三月までの検挙者総数は熱河省で八三四六人にのぼり、これは「満洲国」全体の九割以上にあたる。一月の承徳憲兵隊「第一次基号作戦期間に於ける中共党政匪関係者検挙」では一六五五人、二月の同憲兵隊「承徳青龍興隆県・喀中旗地区中共党政匪関係者検挙」では五〇四三人というすさまじい大弾圧がおこなわれた。

関東憲兵隊によって主導された西南粛正工作全体の検挙者は一万三〇〇〇人前後で、そのうち検察庁に約四〇〇〇人が送致されたと推測される。錦州高等検察庁書記官だった板橋潤は手記「特別治安庭」（中帰連平和記念館所蔵）で、犯罪容疑は「愛国組織の村長、屯長、牌長及び日本軍の道路破壊、電柱切断及び八路軍に物資の提供等」とされ、検察庁取調べにおいても拷問が日常的におこなわれたとする。

前述した特別治安庭は西南地区粛正工作の司法処理に対応したもので、一五か所程度で開廷された。板橋手記には「憲警から審判に到るまで一人の被害者の方に対し、五枚の紙で処理されてしまったのが多く有りました。そしてその審判は一人一人をやって居らず、通常五人十人と云う具合に審判官の前に被害者を並べて置いてなんの発言も許さず、審判官は検察官の『起訴状』を読み上げ、それによって適当な残酷な刑を科して居りました」とある。「八路軍に粟《あわ》一升やったと云うこと丈《だけ》で徒刑十年」、「生きんが為に部落の人々を集めて話合った」というだけで死刑となった。

「満洲国」司法部参事官だった飯守重任《いいもりしげとう》の撫順戦犯管理所における供述には「この特別治安庭では熱河省の愛国人民一七〇〇人を処分した。多くは死刑であり、裁判ではかつてない大虐殺を実行した。そして、二六〇〇人以上の愛国人民を無期懲役と二〇年、一五年、八年などの重刑で投獄し、数百人が帝国主義の刑務所内で栄養不良のために死亡した」とある（『偽満傀儡政権　日本帝国主義侵華档案資料選編3』中華書局、一九九四年)。飯守は日本帰国後にこれを虚偽だったとひるがえすが、「満洲国」建国一〇周年記念の特赦で調査にあたった板橋潤の手記には『特別治安庭』が設置され、敗戦に到る期間、死刑にされた中国愛国者の方は一七〇〇名以上、無期及び有期徒刑二九〇〇名以上に達しております、合計四六〇〇名以上の方々の尊い生命を奪って居ります」とあり、これらの数値は信憑性が高いと判断される。

熱河省以外の治安維持法違反事件の死刑判決(北満地区粛正工作六六人、通河事件三一人など)を加えると、「満洲国」治安維持法による死刑は二〇〇〇人近くにのぼると推定される。

「満洲国」崩壊に際し、司法部刑事司長だった杉原一策は「八月十五日の最後局面に直面するまで弾圧継続の方針を堅持し、遂に最後まで拘禁弾圧し、尚死刑に致さしめた」と供述する。ソ連進攻という「時局緊迫」を理由に裁判で未確定の約五〇人の殺害を強行している(前掲『日本侵華戦犯筆供選編』9)。司法部・各法院・各検察庁は「解体」にあたり検察・裁判書類の焼却処分を急いだ。反満抗日運動弾圧にかかわった関東憲兵隊や「満洲国」警察・鉄路警護警察なども膨大な関係資料を焼却した。

このように治安維持法は植民地朝鮮と台湾、さらには傀儡国家「満洲国」において日本国内以上の苛酷さで猛威をふるった。運用にあたった警察・憲兵、検察・法院、行刑・保護観察・予防拘禁の担い手の多くは日本人だった。一九三〇年代後半には「国体」観念も強要された。それらの運用は、植民地および傀儡国家の統治を支えた。

日本国内と台湾・朝鮮、傀儡国家「満洲国」のそれぞれの運用の比較を通してこそ、治安維持法の本質に迫ることができよう。と同時に、この主題は東アジアの治安体制の戦後への連続性を考察するという現代的な意義をもっている。それは韓国や台湾における第二次世界大戦後の長い軍事独裁政権の存続に大きな役割を果たした強固な治安体制の要となって猛威を振るったそれぞれの治安法令（韓国においては国家保安法や社会安全法〔一九七五年、現在は保安観察法〕、台湾においては懲治叛乱条例や動員戡《かん》乱《らん》時期国家安全法）が、戦前日本の植民地統治期の治安維持法体制の残滓《ざんし》という性格を色濃く有していると見るからである。

参考文献

ＮＨＫ「ＥＴＶ特集」取材班著・荻野富士夫監修『証言　治安維持法――「検挙者10万人の記録」が明かす真実』ＮＨＫ出版新書、二〇一九年

荻野富士夫「治安維持法の歴史」シリーズ全六巻、六花出版、二〇二一年〜二三年

荻野富士夫『検証　治安維持法』平凡社新書、二〇二四年

奥平康弘『治安維持法小史』筑摩書房、一九七七年（岩波現代文庫、二〇〇六年）

『季刊現代史』７「治安維持法体制――その実体と動態」現代史の会、一九七六年

中澤俊輔『治安維持法――なぜ政党政治は「悪法」を生んだか』中公新書、二〇一二年

コラム 1

「大東亜治安体制」の構想

荻野富士夫

日中戦争の進行のなかで日本と「満洲国」、中国の傀儡親日政権という「日満支」三国による「東亜新秩序」建設＝「東亜防共体制」が進むなか、それを保障するものとして「東亜治安体制」樹立がめざされた。一九三八年一二月の近衛文麿首相談では「東亜の天地にはコミンテルン勢力の存在を許すべからざる」として、日支防共協定の締結、日本軍の防共駐屯などを要求した。

この前後から朝鮮・台湾・「満洲国」の思想検事・判事が司法省の思想実務家会同のオブザーバーとして参加し、各地の治安状況を報告している。また、「満洲国」司法官会議に日本・朝鮮の思想検事も参列している。

アジア太平洋戦争下において掲げられた「大東亜新秩序（共栄圏）」建設を保障するために、「大東亜治安体制」の確立がめざされた。南方軍政下では、各地の抗日ゲリラ運動への取締り策の一つとして治安法令が制定された。一九四三年二月、マライ・スマトラ方面軍は「治安維持令」を施行する。内務次官経験者の大達茂雄が昭南（シンガポール）特別市長となり、東京控訴院検事局思想検事の市原分《ふん》が昭南軍政監部の検察局長となるように、各地の軍政に内務・司法官僚が出向し、占領地治安体制を整備しようとした。実態は乏しいとはいえ、「大東亜治安体制」の仕組みづくりが急がれた。

もう一つ見落とせないのは、司法官僚・学者らで構成する日本法理研究会（会長塩野季《すえ》彦《ひこ》前法相）による「大東亜法秩序」構想である。中心となった刑法学者小野清一郎は、大東亜の法秩序について「日本法理に基く大東亜諸国・諸民族の法的秩序の形成でなければならぬ」（『日本法理の自覚的展開』一九四二年）と論じた。

治安維持法関係史料の残り方と現況　荻野富士夫

警察・司法関係資料は全般的に秘密性・閉鎖性が強いが、その治安関係部門においては職務の運用に必要な情報が『特高月報』や『思想月報』のようにそれぞれ内務省警保局・司法省刑事局などから逐次刊行物として配布されていた。それは日本国内にとどまらず、植民地台湾・朝鮮、そして「満洲国」においても同様であった。現在では多くが復刻版として利用可能となっており、治安体制の構造や実態を考察するうえで不可欠の史料群であるほか、慎重な配慮が必要ながらそれらが取締り対象とした社会運動や民衆の動静を見るためにも重要なものとなっている。

一方、特高警察関係でいえば視察監視対象についての膨大な情報、検挙事件の報告書、被疑者の聴取書、検事局への送致関係資料などや、思想司法関係では検事局・予審における各訊問調書、公判記録、判決、刑務所や保護観察所・予防拘禁所における記録類などがあったはずであるが、敗戦にともなう治安体制の解体の際にほとんどが焼却処分された(一部は巧妙に隠匿されたと推測される)。

日本国内では緩慢な「解体」で時間的猶予があったため、その処分は徹底的におこなわれた。そのため、現在文書館や図書館に所蔵される史料は断片的なものにとどまる。それでも国立公文書館の「返還文書」(処分しきれなかったものを米軍が押収、その後、保管されていた米国議会図書館から返還・公開)の価値は高い。また、国立国会図書館憲政資料室の「太田耐造関係文書」などのように、内務・司法官僚らが在職中に所持・保管していたものが図書館などに寄贈され、公開されている。

これに対して朝鮮の「光復」＝独立はすみやかで、総督府は朝鮮側に権力の移管をおこなったため、治安関係文書の焼却は一部を除いて回避されたと思われる。三八度線以北における状況は不明ながら、現在、韓国におい

コラム2

ては質量ともにはるかに日本を凌ぐ史料がデジタル化して公開されている。独立運動関係者の顕彰のために国家をあげての徹底した記録の収集が、社会の総意として進められてきたがゆえの結果であろう。重要な部分を占めるのは治安維持法関係の検察・予審段階の訊問調書や公判での記録、そして判決文だが、韓国統監府期の義兵闘争にまでさかのぼることができる。

台湾においては一九八〇年代までつづいた軍事独裁政権後の民主化の進展にともない、台湾総督府関係の公文書類の整理・公開が進んだ。二〇〇〇年代以降になると、台湾各地の地方法院の倉庫に眠っていた日本統治期の民事・刑事全般の判決文などが掘り起こされた。台湾大学法学部の王泰升教授の主導によるもので、デジタル化されて台湾大学図書館の「日治法院档案資料」として公開されたもののなかに、五〇点余りの治安維持法違反事件の判決文と予審終結決定書が含まれている。

「満洲国」の治安体制に関するものとしては、現在のところ主に三つの史料群がある。その崩壊時の焼却処分は大慌てでなされ、しかも膨大であったため、関東憲兵隊司令部の庭で焼け残った文書類が地中に埋もれたままになっていた。文字通り「発掘」され、吉林省档案館で修復されたものは三〇〇〇点にのぼるといわれる。関東憲兵隊『思想対策月報』などが吉林省档案館・広西師範大学出版社編『日本関東憲兵隊報告集』第一輯～第四輯（全八四冊）に収録されている。また、中央档案館・中国第二歴史档案館・吉林省社会科学研究院合編『日本帝国主義侵華档案資料選編』中の「東北『大討伐』」「偽満憲警統治」「東北歴次大惨案」などの巻も有益である。それらは中央档案館などに所蔵されている原史料を編集したものだが、原史料の公開も望まれる。

撫順戦犯管理所における「認罪」の記録と

コラム
2

各地域の主な治安維持法関係史料の残存状況

機関 / 地域	警察・憲兵	検察	裁判（予審）	裁判（公判）	参考
日本（国内）	『特高月報』 『社会運動の状況』 『思想彙報』（憲兵）	『思想月報』			『思想研究資料』特輯 『特高警察関係資料集成』 アジア歴史資料センター*1
台湾	『高等警察外事報』（未見）	『思想部報』（未見）			「日治法院档案資料」*2
朝鮮	『高等警察報』	『思想月報』・『思想彙報』			「京城地方法院検事局資料」*3*4 「独立運動判決文」*5 「朝鮮人抗日運動調査記録」*6
「満洲国」	『思想対策報告集』 『特務彙報』（警務総局特務処）	?			『日本侵華戦犯筆供選編』 『日本帝国主義侵華档案資料選編』

注）デジタル化史料として閲覧・複写が可能な文書館・図書館
＊1　アジア歴史資料センター（jacar.go.jp）（国立公文書館・外務省外交史料館・防衛省防衛研究所ほか）
＊2　台湾大学図書館（ntu.edu.tw，閲覧申請が必要）
＊3　国史編纂委員会　자료일람 | 한국사데이터베이스（history.go.kr）
＊4　高麗大学図書館漢籍室所蔵（未見）
＊5　国家記録院　콘텐츠 소개 – 콘텐츠소개 – 독립운동관련 판결문（archives.go.kr）
＊6　韓国・国会図書館　국회전자도서관（nanet.go.kr）

して「供述書」がある。「満洲国」警察・司法などの日系官僚のほか、関東憲兵隊関係者らが約三五〇人含まれており、それらの三分の二近くは中央档案館編『日本侵華戦犯筆供選編』第一輯・第二輯（全一二〇巻）によって読むことができる。

第2章　治安維持法に抗した人びとを語り継ぐ

——教育・思想の自由をめぐって

1 京都学連事件
——治安維持法国内最初の適用事件

本庄　豊

社会変革運動の最先端を担うのは、世界でも日本で学生たちだった。彼らは、近代日本のリーダーとなることを国家権力から期待された存在だった。しかし、少なくない学生たちは労働運動との連帯をめざした。制定されたばかりの治安維持法の矛先は、このような先鋭化した学生に向かっていった。

(1) 大正期学生運動の拡大

一九一四(大正三)年に勃発した第一次世界大戦、一七年のロシア革命と翌一八年の日本のシベリア出兵(ロシア革命干渉戦争)、そして同年の米騒動……。日本は戦争と動乱のなかにあった。世界各地で戦場から持ち込まれたスペイン風邪(インフルエンザ)が大流行し、一八年から二二年の間に日本でも四〇万人を超える人たちが命を落とした。第一次世界大戦での日本の死者が約三〇〇人、シベリア出兵における死者が約三五〇〇人であることを見れば、パンデミックとなったスペイン風邪がどれほど脅威だったかが想像できる。

パンデミックは社会不安を引き起こし、米騒動の農漁村から都市への拡大にともない、政府批判の起爆剤となっていった。こうしたなか、労働運動・農民運動・水平社運動や普通選挙運動が湧き起こり、人びとの心をとらえていった。のちに大正自由教育と呼ばれる教育運動が燎原の火のように広がり、大学では学問の自由や大学の自治獲得をめざす教員が立ち上がっていた。

学生たちのつくった自由主義的団体・研究会も活動を活発化させていく。東京帝国大学の新人会、早稲田大学の建設者同盟、京都帝国大学の労学会などが有名である。一九二二年には日本共産党（非合法）が結成された。同年一一月、無産者（労働者・農民）運動に連帯するため学生連合会がつくられ、軍事教練や三悪法（過激社会運動取締法案・労働組合法案・小作争議調停法案）反対運動をおこなった。二三年には全国の大学で、マルクス主義（社会主義）を学ぶための社会科学研究会（社研）が生まれてゆく。大学と高等学校の社会科学研究会が合流して二四年に結成されたのが、「学生社会科学連合会（学連）」である。大正期、マルクス主義は学生たちの間の流行思想となっていた。

（2）プロレットカルトと京都学連事件

一九二五年一月に、廃案となった過激社会運動取締法案に代わる治安維持法制定の危険性が急速に強まるなか、学連は自らを無産者運動の一つと位置づけ、労働者教育（プロレットカルト）を運動方針として掲げるようになった（同年七月に京大で開催された第二回大会）。学生運動と労働運動がつながったのである。京都大学の河上肇（マルクス主義経済学者）、同志社大学の山本宣治（生物学・性科学者）や住谷悦治（社会思想史）ら進歩的な大学教員たちも学生社研に呼応し、労働学校などの壇上に立つようになっていく。

京都の学生運動の先鋭化と労働運動との連携強化に危機感をもった京都府警特高課は、大学の反対を押し切って一九二五年九月開催の京大社研第二学期研究大会への臨検を強行、大会を事実上の解散に追い込んだ。同年一一月、警察は同志社大学構内で軍事教練反対ビラを「発見」する。これを口実とし、一二月一日から二日にかけ「出版法違反」容疑で京大と同志社大の学生や教員の一斉検束と家宅捜索をおこなった。三六人の検束者中、京大関係者が二〇人、東大や慶応大、同志社大、関西学院、神戸高商などの社研メンバーも含まれていた。

京都府警特高課や政府に対して、京大当局は強く抗議、新聞等も政府を批判した。

(3) 治安維持法の国内初の適用

しかし、政府・特高は入念に準備し、巻き返しを図る。翌一九二六年一月一四日に新聞などに記事掲載禁止命令を出し、一五日「出版法違反」容疑のまま釈放されていた一四人をふたたび検挙したばかりか、京大の河上肇、同志社の河野密《みつ》と山本宣治、社研会員の石田英一郎、岩田義道の自宅ならびに日本農民組合や日本労働組合総評議会の事務所、評議会関係者である国領五一郎、谷口善太郎らの私邸など一八か所の家宅捜索を強行した。一八日には京大生の鈴木安蔵が追加検挙、四月中旬までに経済学者・野呂栄太郎も含めた三八人が検束された。容疑は治安維持法違反と不敬罪。治安維持法制定後国内においてははじめての適用だった。

京都府警が学連事件において、京都大学や同志社大学の学生たちに影響を与えた人物として、最も

『京都日日新聞』号外1926年9月15日

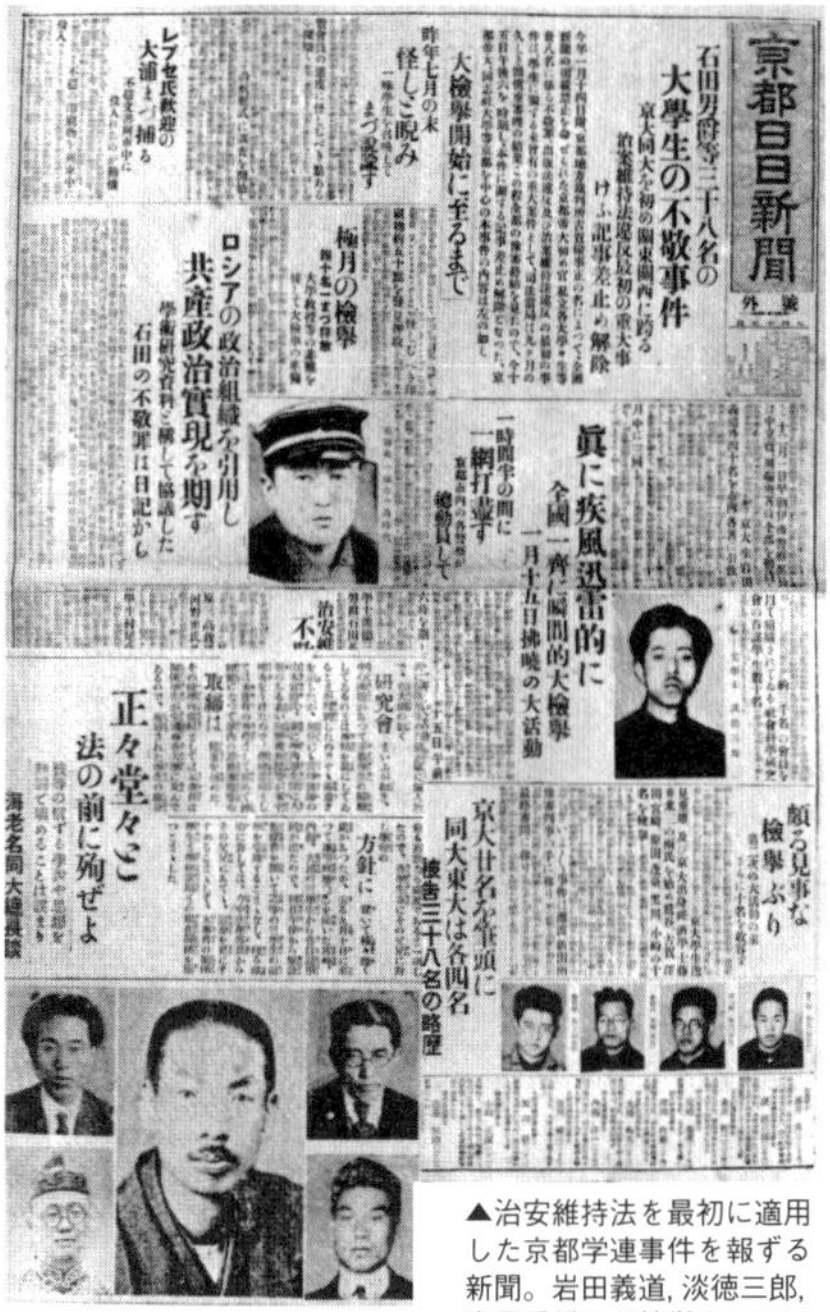
京都日日新聞
號外
石田男爵等三十八名の
大學生の不敬事件
京大同大を初め關東關西に跨る
治安維持法違反最初の重大事
けふ記事差止め解除
眞に疾風迅雷的に
全國一齊に瞬間的大檢擧
一月十五日拂曉の大活動
大檢擧開始に至るまで
ロシアの政治組織を引用し
共産政治實現を期す
正々堂々と
法の前に殉ぜよ
頗る見事な
檢擧ぶり
京大廿名を筆頭に
同大東大は各四名
被告三十八名の略歴

▲治安維持法を最初に適用した京都学連事件を報ずる新聞。岩田義道，淡徳三郎，逸見重雄らが検挙されている。

▲事件に関連して家宅捜査された大学教授。中央・河上肇，右上・山本宣治，下・河野密，左上・林要，下・水谷長三郎担当弁護士。

警戒していたのは河上肇と山本宣治だった。河上と山本は先鋭的な学者であっただけではなく、学生や労働者に大人気の講師であり、著作も多かった。河上肇の『貧乏物語』（一九一七年）は当時の大ベストセラーだった。それだけ権力から警戒されたことになる。

新聞号外に学連事件の記事が掲載されるのは、検挙から八か月後の一九二六年九月一五日のことである。『京都日日新聞』号外の見出しには「石田男爵等三十八名の大学生の不敬事件　京大同大を初め関東関西に跨《またが》る　治安維持法違反最初の重大事　けふ記事差止め解除」とある。男爵（貴族の爵位）とは石田英一郎のことである。石田はのちに文化人類学者となった。

（4）同志社を追われた山本宣治

『大阪朝日新聞』号外（二六年九月一五日）は、山本宣治宅の捜索について次のように書いている。なお、文中の「丸善」とは京都にあった洋書の書店のことで、「経済学」とはマルクス主義経済学のことである。日本におけるマルクス主義は、経済学（『資本論』）として大学に入ってきたのだった。

同志社大学講師山本宣治氏は性の研究家とて殆んど性に関した書物、写真が多く、僅かに丸善で買った共産党会議議事録（英文）外二・三冊と手紙類を若干押収して引上げたのみであった。山本氏は次の如く語った。

別段不法なものがあったわけじゃない。みな僕が持っていて差支えなく、持って行かれても差支えないものだった。それよりも大切なのは性研究の書籍で買うにも高いし、なかなか手に入らないものもある。しかしみな経済学には関係ない。

山本宣治宅の家宅捜索後、同志社学生数人が検挙されていたことがわかり、同志社社会科学研究会の相談役のような立場にあった山本に大学当局からの圧力がかかった。一九二六年三月二八日、同志社予科長の速水藤助教授が宇治の花屋敷（山本の自宅）にやってきて、辞職してほしいと告げた。反発した山本は翌日同志社におもむき、海老名《えびな》弾正《だんじょう》総長に抗議したが聞き入れられず、同月三一日に解職の辞令が山本宅に郵送された。

山本宣治とともに家宅捜索を受けた同志社の河野密は、火の粉が自分に降りかかるのを恐れ、解職になった山本を擁護しなかった。治安維持法の怖さは、人びとの連帯を断ち切り、分断させていくことである。

(5) 三八人の被告たち

京都学連事件の記事差止め解除の日（九月一五日）、次の三八人の被告たちの予審が決定された。予審とは戦前の裁判において、被告を裁判するかどうかを決める手続きのことである。以下の名簿は、我妻栄『日本政治裁判史録』などを参照し作成した。

京大・太田遼一郎　京大・白谷忠三　京大・山崎雄次　同志社・大浦梅夫　京大・岩田義道　京大・淡徳三郎　京大・鈴木安蔵　京大・栗原佑　京大・泉隆　京大・橋本省三　京大・黒田久太　京大・熊谷孝雄　京大・永井哲二　京大・大橋積　東大・是枝恭二　同志社・内海洋一　東大・村尾薩男　明治学院・清水平九郎　慶応・広谷賀真　京大・石田英一郎　京大・藤井米三　京大・逸見重雄　京大・鷲谷武二　京大・古賀二雄　同志社・宮崎菊次　同志社・沢田政雄　大阪外国語・原田耕　大阪外国語・黒川健三　関西学院・小崎正潔　神戸高商・逢台恒治　京大・武藤丸楠　京大・池田隆　東大　後藤寿夫　東大・松本篤一　日大・実川清之　早稲田・秋笹政之輔　慶応・野呂栄太郎　上村正夫（京都無産者教育協会書記）

彼ら一人ひとりの人生がどのようなものとなったのかについては、京都治安維持法研究会（井口和起・岡田知弘・勝村誠・佐藤和夫・本庄豊・原田完・薮田均男）編『レジスタントの京都——治安維持法下の青春』（仮題、機関紙出版センター、二〇二五年［近刊］）を参照されたい。

一月の検挙時は出版法違反だったが、予審のときには治安維持法違反に変わっていた。正確にいうならば、予審終結決定書における犯罪事実は、治安維持法違反、出版法違反、不敬罪の三つだったが、被告全員に適用されたのは治安維持法第二条違反だった。違反の要点は、司法省刑事局編『思想研究資料』第七輯（一九二八年、国立国会図書館デジタルコレクション）によれば以下のとおりである。

……被告人大田遼一郎《ママ》外三十七名は日本帝国の国体及経済組織と相容れざる「マルキシズム」「レーニズム」の社会革命思想を抱懐し学生及無産階級に対し組織的に此等の革命思想を普及し之を指導訓練して所謂無産大衆を抱擁する大国体を創成し組織的大衆の革命運動により一切の権力を無産階級に掌握せしめ日本帝国の根本組織を変革し無産階級の政治的支配階級たる地位を獲得し其の独裁政治を施行すると共に凡《あら》ゆる生産機関を社会の共有に帰せしめ以て経済組織の根底たる私有財産制度を破壊し共産主義社会を建設せむと企て……

治安維持法第二条には次のように書かれている。

第二条　前条第一項の目的を以て其の目的たる事項の実行に関し協議を為したる者は七年以下の懲

役又は禁錮に処す

共産党でも無産政党でもない、マルクス主義の思想を学習・研究している学生のサークルに対して、「私有財産制度を破壊し共産主義社会を建設せんと企て其実行に関し協議を」したとみなして、起訴したことになる。なお出版法違反とは、スターリンの『レーニン主義の理論と実際』の一部を日本語に翻訳・印刷し会員に配布したこと、不敬罪とは石田英一郎が自身の日記に教育勅語と君が代に対して批判的な記述をしていたことであった。

勅令「大赦令」により出版法違反と不敬罪は赦免となり、一九二七年四月から京都地方裁判所で裁判がおこなわれ、五月末には判決が言い渡された。全員有罪、禁錮八か月（執行猶予二年）～禁錮一年だった。新聞各社は当局の強い検閲のもと「学生の共産主義連盟暴露」（『大阪毎日新聞』）などの強烈な見出しをつけ報じた。世論も報道に引きずられるかたちで、学連事件を見るようになっていく。

京都学連事件は大正デモクラシー終焉の序章となった。高等学校や大学の社会科学研究会は解散を余儀なくされた。大学は次第に自治を奪われ、学問の自由は形骸化していく。学連事件関係者たちのその後の人生もさまざまだった。河上肇は京大を追われた。山本宣治は衆議院議員となるものの、一九二九年三月五日右翼により暗殺される。学連事件後も主義主張を変えず再度検挙、拷問で亡くなったり、獄中死した者、心ならずも転向した者もいた。彼らすべてが治安維持法の犠牲者である。

京都学連事件で検挙された学生の多くが、戦後大学の教壇に立ち、戦後民主主義の啓蒙者・実践者となっていく。学連事件の被告だった鈴木安蔵は憲法研究会の一員として日本国憲法の草案を書き、事件の周辺にいた住谷悦治は戦後同志社総長となり京都の民主運動を牽引した。治安維持法で窒息させられたかに見えた京都学連の精神は、戦後民主主義の潮流のなかで花開いていったのである。

参考文献

『京都大学百年史』総説編、京都大学後援会、一九九八年
佐々木敏二『山本宣治』下、不二出版、一九九八年
本庄豊『山本宣治——人が輝くとき』学習の友社、二〇〇九年
松尾洋『治安維持法——弾圧と抵抗の歴史』新日本新書、一九七一年
我妻栄『日本政治裁判史録』昭和・前、第一法規出版、一九七〇年

2 長野県「二・四事件」
――「教員赤化事件」という攻撃に抗して

小平　千文

「二・四事件」とは、一九三三年二月三日夜にはじまり半年余りつづいた治安維持法違反による大量検挙事件である。斎藤実内閣により引き起こされ長らく「長野県教員赤化事件」と呼ばれてきたこの事件は、『The Japan Advertiser』が「長野県赤色教員検挙」、『The Japan Times & Mail』が「教師間に於ける共産運動」と報じ海外にも注視された。事件ののち治安維持法による社会運動の弾圧が拡大したように、大正デモクラシー期から昭和戦時体制への転換の端緒ともなった一大事件である。

(1) 検挙の経過と実態

「治安維持法違反」としての「二・四事件」の検挙は三回にわたり、ほぼ長野県全域でおこなわれた。第一次検挙は南信の上伊那地域からはじまった。本格的な検挙は、四日夜明けを期して、松本市、東筑摩、南安曇、諏訪、上伊那、下伊那の一市五郡一八二か所で家宅捜索がおこなわれ、八六人が検束された。この事件の「中心校(震源地)」といわれた諏訪郡永明村立永明尋常高等小学校(現・茅野市立永明小学校)の捜索は、二月九日におこなわれた。同学校長小平茂(四二歳)の『日記』には、この捜索によって「体操場……天井裏より石油箱大の箱二個、倍大の箱一個、リュウクサック入印刷物一個、布(風)呂敷包二個出る」と、記されている。そのなかには、新興教育同盟準備会(新教)長野支部と日本教育労働者組合(教労)長野支部の各地区別・各職場別メンバーが記載された表などがあり、「重要なる証拠資料を発見し全県下の教労・新教の組織判然するに至りたり」(『長野県史　近代史料編　第8巻3〔社会運動・社会政策〕』)という、為政者にとっては思いもかけなかった一級史料の発見となった。

一九二八年六月二九日の緊急勅令によって、死刑と目的遂行罪を取り込んだ治安維持法改正のもとで検挙者は一気に増加し、事件はさらにセンセーショナルに扱われた。

こうした事態に対して校長は、教育史上はじめてとなる自らを含めた全教職員の「総解散」(総辞職)という決断にいたり、三月二三日、「昭和七年度証書授与式」終了後に児童に対して全職員の解散を告げ、学校をあとにした。

第二次検挙は、一九三三年二月二三日から箝口令《かんこうれい》が敷かれたなかではじまった。上田市、長野市、小県、上高井、下高井、下水内、埴科、更級の東北信地域二市六郡下で八三か所の家宅捜索がされ、五三人が検挙された。全県一六郡三市のうち検挙教員を出さなかった学校は、南佐久郡、北安曇郡、上高井郡、下水内郡四郡と松本市だけだった。この検挙は、六月二〇日をもって終了したが、特高資料によれば、第三次として一九三三年六月一二日から同年七月一五日にかけて九人が送局された「全協交通上諏訪機関庫分会」および「上小《じょうしょう》地区準備会」への検挙がおこなわれている。

これを含めた特高側がまとめた検挙実態は、「二・四事件」の特徴を浮き彫りにしている(表1)。すなわち、「教労」関係者は三九・二%、二九人、「党同盟等の関係者」は六〇・九%、七四人と、実

表1　1933年における検挙者数

単位：人（　）内：%

事件	分類	種別		関係学校数	検挙者総数	検事局送致	起訴者
二・四事件	①	教労	教員	66	208	81	28
			非教員	—	22	2	1
			小計	66	230 (37.8)	83	29 (39.2)
		共産党・共産青年同盟・全協・全農など		—	342 (56.3)	143	44 (59.5)
		合計			572	226	73
	②	全協交通上田・上諏訪機関庫事件			36 (5.9)	9	1 (1.4)
	①＋②			66	608	235	74
昭和八年中における二・四事件検挙者以外の事件検挙者数も含めた合計検挙者数				743			

注：長野県特高課『長野県社会運動史』をもとに作成。②について同史料は「二・四事件ノ延長的検挙」としていることから①と②を二・四事件として取り扱う。学校関係66校の内訳は，小学校62校，実科中学校4校となっている。二・四事件記録刊行委員会編『抵抗の歴史』の「思想事件教員名簿」では，小学校58校，実業補習学校5校，中等学校2校の65校となって一致していないがそのままにした。

は「教労」関係者が「党同盟等の関係者」より少ないことがわかる。

この検挙実態を長野県特高課は、「昭和八年は、本県思想運動史上に特筆すべき」ことで「満洲事変後の客観情勢と相俟て転向への方向を示せる点に於て……画期的検挙」だったと絶賛した。そして「前例なき教員の大量赤化等の特質の外《ほか》……将来の発芽原因となるべき禍根を残さず影響下分子に至る迄徹底的に芟除《さんじょ》〔刈り除く・除き去ること〕し検挙後再建の蠢動《しゅんどう》〔取るに足らないものが策動すること〕を許さ」ないものであったと成果を誇った（長野縣特高課編『長野縣社会運動史　昭和十四年二月現在』一九三二年）。しかし、先に示したとおり、「党同盟等の関係者」の検挙が「教労」より多かったにもかかわらず、この事件を「長野県教員赤化事件」と喧伝《けんでん》したのである。

(2)「二・四事件」の本質は何か

一九三三年三月の第六四回帝国議会開会を前にして、諏訪地域に次いで多くの検挙者を出した上伊那地域選出の戸田由美衆議院議員は、「驚愕戦慄すへきの聖代の一大不祥事」として「根本的掃除を断行」せよと、「長野県下教育界青壮年層に現れたる極左検挙に関する質問主意書」を提出した。これに対して鳩山一郎文部大臣は、秘密会で以下のように報告した。「小学校の教員の思想事件は、昭和三年に沖縄県に発生致しましたのを初めと致しまして」年ごとに「約倍加」し「憂慮に堪へない状態」である。「今回長野県に発生しました事件を見まするに、其範囲の広きこと、其関係者の多数でありますこと、並に児童への働き掛けの大胆でありますこと等に付きましては、従来のものに比して非常に相違があります、教育上洵《まこと》に寒心すべき事態であります」(『第六十四回帝国議会衆議院　本会議長野県小学校教員、長崎地方裁判所職員ノ治安維持法違反事件ニ付キ報告ノ件　昭和八年三月七日』)。

為政者にとって「教育県長野」といわれてきた長野県で他県より多数の「赤化教員」を出したことへの驚きは大きかった。帝国議会は、「司法官赤化事件」と「長野県教員赤化事件」をきっかけに思想対策と教育改革の決議をおこなった。

こうした国の動きに先行するかたちで上田市・小県郡下に設立されたのが、上小思想対策委員会である。「二・四事件」が発生してからわずか一月後の三月一三日に「上小赤化防止協議会」が設置され、同月二二日「上小思想対策委員会」として発足した。

図1　上小思想対策委員会の設置を報じる『北信毎日新聞』

北信

昭和八年三月十九日

共産黨の細胞組織を逆用
赤退治に總動員!!
上小思想對策委員會設立さる

具體案を作成して
文部司法縣當局に陳情
教員の任命に思想人格を調査せよ

信濃教育會
大改革を要望
縣下教育界に一石を投ず

『信濃毎日新聞』は「県下最初の試み」、地元紙『北信毎日新聞』は「全国でも始めての組織」と報道した。四月一一日に政府内に思想対策協議委員会設置が決定される一か月前のことだった。設立の綱領は「国基（国家）の安泰と皇道伸展」を図る。目的は「赤化排撃」とされた。上小市町村長と上田市学務委員からなる組織の会長は成沢上田市長、副会長は宮沢小県郡町村長で、各市町村に支会が設置された。また相談役に警察署長、各配属将校、六連合軍分会長をあてた。目的達成のための戦術として「各種団体左傾分子排撃」や「必要なる教化指導」など四項目を掲げた。具体的な行動としては八つの決議をおこない、司法・文部・陸軍各大臣宛や県会・県知事宛、信濃教育会宛に全県町村長会経由でこれを送付した。また、司法・文部大臣宛には、赤化共産化した教員は厳罰に処すべきこと、信濃教育会宛には、全国に誇る本県教育界に一大汚点を記した不祥事件を深く反省し、名誉を回復すべきであるとの要望書を送った。『社会運動通信』（同年六月八日）は、対策委員会を「長野のナチス」と称して全国に発信した。

では、なぜ教員たちは治安維持法による弾圧を受けたのだろうか。教労長野支部がおこなった主たる闘争である無産者教育教程編纂について見てみよう。

（3）「新教」「教労」の闘い――「無産者教程」の作成と批判

検挙された教員は、その約六割が師範学校卒業生（男子師範学校卒業生七五人、女子師範学校卒業生一〇人）で、平均年齢は男子二七歳弱、女子二三歳弱であった。彼ら青年教員は、大正デモクラシー期、「信州教育の本山」ともいわれ、「自由な雰囲気に包まれていた」長野県師範学校（現・信州大学教育学部）に学んだ（六〇八人中最高四年の懲役刑を受けた教労責任者藤原晃の弁）。生徒たちの自主性を尊重する教育や個性と自由を尊重する人道主義的な白樺派の教育も学び、県下各地の学校で教鞭をとり、長野県教育界の主流を形作っていった。

だが、昭和恐慌がもたらした「蚕糸王国長野県」下の農村は極度の貧困に陥り、教員給与の不払いや強制寄付、欠食児童急増など教育環境は危機的状況になっていた。この現実を打開するためには、「白樺教育では、世の中、なんとも動かない」（懲役二年六月を受けた教労上小地区責任者河村卓の弁）との思いから社会科学の勉強会や文化サークルが県下各地につくられ、「新教」「教労」の結成へとつながっていった。

こうした状況下で教労長野支部が取り組んだのが無産者教育教程の編纂であった。その目的は、「子ども達をとりまく現実の生活をすなおに見つめ、それをつきつめてそのしくみを理解し、解決の方向を見出す」子どもづくりであった（藤原談）。そのため皇国史観による国定教科書に代わる無産者の立場に立つプロレタリア教育実践のための手引き書を全教科で作成することを決定した（一九三二年一

図2　『修身科・無産者児童教程』

尋常小学修身書巻一の取扱い

第一　ヨクマナビヨクアソベ

（一）ヨクマナベ　真の勉強とその態度

何のために学ぶのか。大多数の困っている人のために尽す人が本当によい正しい人。そういう人がえらいそういう人になるために。

学ぶ態度。よいことは実際にあくまでやってゆく、不屈不撓の精神。表面的に行儀よくしている人がよい生徒でないこと。大臣、大将等がえらい人でないこと。労働者、農民、働く人たち（みんなの父兄たち）が真にえらい人であること。よく本がよめ、算術が出来、お席で静かである人がえらい人でもよい生徒でもないこと。働く人、困っている人たちのために一生けんめいに尽す人がえらい人であること。

担任として注意しなければならないこと。常に児童に対して過酷な要求―行儀作法的なもの、過度の勉強等は絶対にさけなければならない。

（二）ヨクアソベ　集団のよろこび　規律等

個人主義的な遊び及びあそびの態度を絶対に排撃すること。金持、綺麗な子とかのグループを作らしめざること。挿絵に見る集団をはなれて一二で遊ばないこと。積極的な遊びの奨励。

第二　ジコクヲマモレ

団体のひとりとしての時間の厳守、人間は孤立して生きることの不可能であること。集団の一員としての行動、正しい約束の遂行の精神。

○月、第八回地区代会議）。「国史」は諏訪地区、「国語」「修身」は上・下伊那地区、「綴方」は中信地区が担当したが、完成を見たのは下伊那地区が担当した『修身科・無産者児童教程』であった。これ以外は、完成前に関係者の検挙で頓挫してしまった。「国体の変革」と「私有財産制度の否認」行為を取り締まる治安維持法のもとで作成された『修身科・無産者児童教程』は、国家としてはとうてい許しがたい「修身書」となった。

　こうした活動に県内外のマスメディアは激しい批判の矢をはなった。たとえば、のちに「抵抗の新聞人」（井出孫六『抵抗の新聞人　桐生悠々』岩波新書、一九九一年）と評される『信濃毎日新聞』主筆の桐生悠々は、「児童に抵抗の、進んでは反逆の心理を注ぎ込まんとする教育者は、厳罰に処するとともに、その一切を挙げて、これを教育界から除草すべきである」とする「赤化教員除草論」、さらに、赤化教員だとする排除が冤罪であったとしても、社会全体のためには「災難として諦めさせられねばならない」と断じた「赤化教員冤罪災害論」を主張した。

(4)事件後の長野県教育——信濃教育会の変質

長野県教育界の主役を演じていた信濃教育会は、「二・四事件」をどのように受けとめたのだろうか。また、この事件後「教育県長野」の教育は、どのような歩みをしたのだろうか。

一九三三年三月七日、第六四回帝国議会秘密会で鳩山文部大臣は、長野県における小学校教員左傾化の原因として、「知識欲」などをあげつつ、「信濃教育会と云ふ会がありますが、それの措置であるとか」と、暗に信濃教育会にも責任があるとの報告をした。また先述したとおり、上小思想対策委員会も信濃教育会宛に要望書を送付していた。こうしたなかで六月一八日、信濃教育会総集会が開かれた。そして「二・四事件」を「本県教育の歴史を汚損せる重大問題」ととらえ、「国体観念を明徴にし国民的信念を涵養す」などと「教育の改善」を宣言するにいたった。この総集会では、「満蒙研究所設置の要望」もなされた。

一〇月一日、同会機関誌『信濃教育』は、岩波書店創業者の岩波茂雄が寄せた「教員思想犯事件に就いて」を掲載した。岩波は、長野県教育界の恐縮した態度はわからないでもないとしつつ、「徒《いたず》らに赤化の名を恐れて、言ふべきを言はず、行ふべきを行はず、左顧右眄《さこうべん》理想に進まざるは、教育者のとるべき態度ではない」と戒めている。

しかし一二月には「満蒙研究室」、一九三九年には「東亜研究室」と改称され、満一六歳から二〇歳までの青少年男子の満蒙開拓青少年義勇軍送出の任にあたることになった。一九三六年一月、各学校宛に割り振られた人数確保のために教師は奔走した。満洲に送出された人数は、全国一となる六五九五人だった（『長野県満州開拓史　総編』）。

一九八二年、信濃教育会の戦争責任問題が浮上した。時の太田美明信濃教育会会長は、『朝日新聞（長野県版）』（八月一三日）連載記事「『平和』三十七年2　熱心だった教師らいまだ問われぬ責任」で、次のように述べている。「信濃教育会が戦争に協力したといってもね、国や県の政策に応じてやっただけ。反省するとすれば、それは国と県の仕事だよ。われわれがやる必要はないし、また、やるべきではない」。以来、今日まで「二・四事件」と満蒙開拓青少年義勇軍送出について、信濃教育会のかかわりに対する、総括的な公式見解は出されていない。

参考文献

『「長野県教員赤化事件」関係資料集　編集復刻版』全三巻、六花出版、二〇一八年
岩田健治『村の経済六十年史』実益農業社、一九三四年
信濃毎日新聞社編『信州昭和史の空白』信濃毎日新聞社、一九九三年
治安維持法犠牲者国家賠償要求同盟長野県本部『治安維持法と長野県』一九八八年
長野県開拓自興会満州開拓史刊行会編『長野県満州開拓史　総編』一九八四年
二・四事件記録刊行委員会編『抵抗の歴史――戦時下長野県における教育労働者の闘い』労働旬報社、一九六九年

3 一五年戦争期の兵庫の「新興教育運動」から学ぶ

田中　隆夫

(1)「自由主義教育」の開始

兵庫の教育運動は現在、人権と自由、平和と民主主義、すべての子どもの学ぶ権利を保障する教育を追求している。その先駆的な活動が姫路師範学校、明石女子師範学校、芦屋児童の村小学校などでの大正期以来の「自由主義教育」であった。

長編小説『石狩川』の作者である本庄睦男は一九〇五（明治三八）年に北海道に生まれたが、上京して青山師範学校（現・東京学芸大学）を卒業し、小学校の教師となる。二七年には青年教師の文芸同人誌『義足』を創刊するが、発禁処分となった。その後、本庄は兵庫の氷上郡出身の池田種生らと、二八年に教育の反動化に抗して階級的見地から教師の変革を求める教育文芸家協会を結成した。

一九三〇年八月には、非合法の日本教育労働組合準備会が結成され、一一月に全国的な単一組合として日本で最初の教員労働組合である日本教育労働者組合（「教労」）が創設された。また、「教労」と一体となって教育研究、啓蒙活動をおこなう機関として、池田種生らによって新興教育研究所（「新教」）が設立された。「新教」は天皇制絶対の教育に対抗して、子どもの自主性・自発性を大切にする

『新興教育』創刊号の表紙

自由主義教育をめざして雑誌『新興教育』を発刊した。『新興教育』は全国の書店に四〇〇〇部配本されたが、ほとんど返品はなかった。こうして、子どもの自主性を伸ばす自由主義教育として「新興教育運動」がスタートした。その中心となったのが、倉岡愛穂《よしお》、窪田弘道、下村鋼三、大田耕士《こうし》ら若き教師たちであった。

（2）倉岡愛穂と窪田弘道の出会い

倉岡愛穂は、一八九五（明治二八）年に京都の農家に生まれ、京都師範学校を卒業して郷里の竹野郡で七年間、小学校教員を務めた。二七歳で生家近くの虎杖《いたどり》小学校の校長となり、子どもの個性を尊重する自由主義教育を実践した。遠い山道を通う子どもたちが楽しくてたまらない日々を過ごすために、「あめあめふれふれ……」などのリズミカルな合唱や運動場でドッジボールをおこなったりした。その後、一九二四年春、労働者が多く住む神戸の御蔵《みくら》小学校の教師となった。二九歳のときであった。

倉岡の授業は、いつも子どもたちが集中し教室は静かだった。校長が出題する学内の一斉テストでは、一番成績がよかった。ある教師が授業方法について倉岡に相談すると、「児童に教材の内容を正しく興味をもたせたら自然に理解していくもので、大声や暴力や強制は必要がない。また文部省の教育課程の意図をよく分析し、重点は、人間の生活の内容の奥にあるものをえぐり出したものにする、正しくないものは軽くふれるか飛ばしてもよい」と語った（「戦前の教育運動の先駆者　倉田愛穂　3　倉田先生の意志は不滅――後継者の闘いは続く」『兵庫民報』一九七六年三月一三日)。

窪田弘道は兵庫の御影《みかげ》師範学校に通い、恩賀一男(戦後、親和学園中学・高校長)の指導によるペスタロッチの貧児教育に心を打たれた。また、社会的キリスト教にめざめ、そのグループにも加わった。グループのなかには特高に弾圧される者もいた。窪田は一九三一年、神戸市の御蔵小学校に赴任し、そこで倉岡愛穂と出会った。

御蔵小学校での定例の研究会で、修身教科書の「国法に従って死ぬソクラテス」が取り上げられた。倉岡は「窪田君、ソクラテスはなぜ死ぬのや、なぜまちがった国法に従うのかな」と問いかけた。倉岡は、「法は誰のためにあるのか、法は社会的正義でなければならず、法が真理に背くとき、それは一部のものの支配する道具になりさがっているのだ」と語った。窪田はこの言葉にはっとした。社会的キリスト教の考えではこの問題を解くことができなかった。窪田はその後、社会そのものを変革する道筋を考えるようになった(「兵庫の新興教育運動」)。

一九三二年四月、窪田の師範学校の後輩で但馬出身の下村鋼三が御蔵小学校に赴任してきた。窪田と下村が倉岡の下宿先を訪ねると、『新興教育』が創刊号からあり、発禁になっている本や伏字だらけの社会科学関係の本もぎっしりとつまっていた。倉岡、下村、窪田の三人は御蔵小学校内に『新興教育』支局をつくった。倉岡宅では『反デューリング論』『資本論』の学習会もはじめた。職場では独身者の「チョンガー会」を組織して交流を広げた。

(3)「殺してかえすとはなにごとか!」

雑誌『新興教育』も弾圧を受け、一九三三年六月号を最後に廃刊となった。同年二月の長野の「二・四事件」(本章2参照)など教員への大弾圧がはじまると、御蔵小学校でも校長が「赤化教員」がいないか調査を開始した。雑誌『児童問題研究会』から郵送されたビラが下村鋼三の机のなかにあることがわかると、校長はそれを口実に一〇人余の人事異動を命じた。下村は郷里の但馬へ、倉岡は二葉小学校へ異動させられた。倉岡は不当配転だと抗議し、一か月欠勤した。

内務省警保局『社会運動の状況』(一九三六年版)によれば、一九三六年一二月、一五府県で六〇〇人以上が検挙された。兵庫県の検挙は八三人で、このなかに倉岡・窪田ら教員も四人含まれていた。コミンテルンの人民戦線戦術と倉岡らの教育実践をむりやりに結びつけようとした。倉岡は逮捕後一〇六日目の三七年四月九日、拷問によって虐殺された。

倉岡愛穂の弟の護穂《もりお》は、御影署から「兄さんが自殺した。遺体を引取れ」の電話を受けた。兄の瑞穂とともに御影署に駆けつけ「生身で返せ」と抗議した。遺体を自宅に引き取って調べると、「咽喉のまわりに暗紫色の輪型がくっきり食いこんでいた」(伴和夫「兵庫県教育労働運動の先駆者たち——『新教』・『教労』兵庫支部の発掘について」労働運動史研究会編『教育労働運動の歴史』労働旬報社、一九七〇年)。

弟の護穂は「兄は殺されたのだ。御影の警察で。特高や検事は兄が自殺したと言うが、遺体を引き取るときに『医者に診せるな。葬式もするな。通知も出すな』とぬかしやがった。長兄が怒りましてね。

生身で連れていった者なら、生身でかえせ。どんな罪罰があるかは裁判で決めることで、『殺してかえすとはなにごとか』と検事にどなりつけた」（「殺してかえすとはなにごとか」）。兄弟が出した死亡を伝える通知状「倉岡愛穂略歴」（葉書二倍大）までも特高が検閲して「××」と伏字が随所にあった。

（4）美術教師・大田耕士

一九二七（昭和二）年一一月、赤穂出身の大田耕士は一八歳で加古郡の野口尋常高等小学校の代用教員になった。大田の手記によれば、その頃、東播地方には小作争議が頻発し、農民と警官が衝突する事件があった。加古川の日毛《にっけ》（日本毛織）工場では女工のストライキもあった。

一九三〇年の夏頃、神戸にプロレタリア美術家同盟の支部が生まれ、大田はその代表者となった。創刊された『新興教育』の読者となり、通信を送ったりした。加古・印南の両郡を自転車でまわって四〇人ほどの美術教育研究サークルをつくり、展覧会を開催した。村の青年たちと娯楽会をつくって、毎月のように学校や民家で風刺劇、漫才、講談、落語、音楽等の研究と発表をおこなった。漫才の台本は大田が書き、ハーモニカやバイオリン、尺八の上手な青年もいた。

また、レコードコンサートや八ミリ映画の会、雄弁会もおこなった。美術教育研究サークルが小作争議応援のために作品を送り、『東北、北海道の農民を救え！』という展覧会にも多くの救援基金を送金した。しかし、作品は全部押収された。大田らは読書会、農事研究会などのあらゆる組織をつくり、村のほとんどの青年はどれかに所属した。

一九三一年二月、兵庫県は「文学愛好家の教員に注意せよ、左傾教員はただちに報告せよ」という通達を出した。この年の夏休み、大田は上京してプロレタリア美術家同盟の講習会に出席し、つづいて『新興教育』の講習会に参加する予定だった。しかし、八月一日に全国でおこなわれた反戦デーのデモを見に出かけたところ検挙され、一二日間勾留された。

（5）「新教」兵庫支局の結成

一九三二（昭和七）年一月、神戸の関西学院の講堂でプロレタリア美術展が開催された。そのとき絵の解説をしていた大田は、日赤の看護師の下村みよ（下村綱三の姉）と雪永政枝と知り合った。二人の女性は、当時の雑誌『婦人公論』の読書グループに属していた。下村みよから「弟が御影師範を卒業し神戸の学校へ勤めるので、いろいろ教えてやってほしい」と頼まれ、下村の住む下宿を訪問すると、先客に倉岡愛穂と窪田弘道がいた。大田は加古川での地域活動や、『新興教育』の講習会に参加して勾留されたことも話した。

大田も倉岡も『新興教育』の創刊以来の読者であり、大田が呼びかけて「新教」兵庫支局を創立した。『新興教育』は本屋で購入できたが、五・一五事件が起きるなど軍国主義へと突き進むなかで、政治、教育へ批判的な教育雑誌を読むのは勇気のいることだった。「新教」兵庫支局はその後、組織替えをして非公然の「新興教育同盟準備会」兵庫支部となり、ピクニックを装って集合したりした。

大田は、一九三二年に舞子小学校へ転勤し、子どもたちにハガキ大のリノリウム版画を指導した。

また、京阪神の漫画同好者を集め関西漫画研究会を結成して、会報『カリカチュア』を発行し、明石市に「カリカチュア研究所」を創設した。翌年、漫画家の松山文雄らと風刺漫画研究会を結成し、大阪ガスビルで漫画展を開催した。三六年には、農村にある大規模校である大久保小学校に転勤し、高等科を担当した。荒れすさんだ生徒が多い学級であったが、はじめてハガキ大の朴《ほお》・リノリウム・ゴム版の版画を教えた。ここでの生き生きと変化する子どもたちに感動し、この経験が版画教育への契機になった。

(6) 治安維持法違反で検挙された大田耕士の戦前・戦後

大田耕士は倉岡愛穂の虐殺を知らされ、新たな決意で一九三七年(昭和一二)年五月に上京し、東京本郷区湯島小学校の図画専科教員となった。三八年四月、プロレタリア漫画グループ「東京漫画研究会」は大田を責任者にして結成され、漫画雑誌『カリカレ』を発行した。しかし、大田は四一年二月、漫画により大衆の共産主義意識を啓蒙しているとされ、治安維持法違反で検挙された。東京地裁の判決は、懲役二年、執行猶予四年だった。このように芸術・文化も例外なく、戦争に抗するあらゆる勢力は弾圧された。三九年末、司法省調査部『司法研究』に検事の平出禾《ひいず》は「文化は国のものとならねばならぬ」と書いた。二年後、アジア太平洋戦争がはじまり、大田も中国戦線に送られた。

戦後、大田は一九五一年に日本教育版画協会を創立し、機関誌『はんが』を創刊した。六四年から教育版画コンクールを開催するなど、児童版画の普及に尽くした。全国に版画の教え子が育ち、現在石川県志賀町立図書館などに作品、日記などが展示・保管されている。全国子ども版画コンクールは現在もおこなわれ、「大田耕士記念大賞」が贈られている。川崎市民ミュージアムには『カリカレ』が収蔵されている。

大田の娘朱美は東映動画に就職し、東映動画労組の書記長をしていた宮崎駿と結婚した。大田耕士から版画を学んだ坂本小九郎（宮城教育大学）が指導した版画集「虹の上を飛ぶ船」（八戸市立湊中学校養護学級の版画）のうち一点はアニメ『魔女の宅急便』でリメークされ、主人公が自立していく場面で使用された。宮崎駿は「じつは、女房の父親が教育版画協会の会長をやっていた。……この人は立派な人ですね。どの学校へ行ってもちゃんとした成果を上げるんです。だから、子ども時代に指導者というものがどれほど大事なものかを立証しているんです」と語っている（宮崎駿「子どもにいちばん大事なもの」太田政男編『教育について』旬報社、一九九八年）。

（7）戦後の教職員組合づくり

兵庫の新興教育運動の資料を発掘・保存し、現在の兵庫の教育運動に大きな力を与えたのが高校教諭の伴和夫であった。伴は兵庫の教育運動について「新教・教労に関わったメンバーが、一五年戦争を生き延び、戦後最初の教職員組合づくりに県下各地で活躍した全国でも誇りうる国民教育運動であった」として、全国で最も息の長い運動を実現したと述べている（伴和夫「研究と資料　治安維持法でくびられた倉岡愛穂の疾風怒濤時代――『二十九歳の〝地理帳メモ〟』から」『季刊　教育運動研究』第二号、一九七六年一〇月)。

一九六〇年の兵庫県教職員組合編『兵教組十年史』の前文には「それは一国の政治に大きな変革が加えられる前には、必ず教育が侵されるということである。私たちは満州事変以来のことを身を通して体験している。朝鮮戦争のおこる前に何があったかということも知っている。教師は決して(民主主義からの)転向をしてはならない。戦後一五年の教育の方向をかえさせてはならない。たとえ学校に杭は打たれようとも断じて心に杭は打たれてはならない。雨が降ろうと嵐が吹こうとも、希望の灯を決して消すことがあってはならない」とある。

そして本文には「戦前、日本教育労働者組合(昭和五年一一月非合法下に東京、神奈川の教員二〇数名で結成)の機関誌『新興教育』によって結ばれた倉岡愛穂(神戸市御蔵小学校訓導)を中心とする神戸市付近の青年教師二〇数名近くが賛同して、この日教労の兵庫支部をつくり、教組運動を起こした」とある。こうして兵庫の新興教育運動は戦前・戦後と連続し、全国で最も息の長い運動となったのである。

参考文献
奥丹後地方教職員組合編『倉岡愛穂——戦前天皇制教育に反対し「新教」「教労」運動に参加して、官憲に不当逮捕。一〇六日間拘留の末絞殺された郷土出身の教育者。』二〇一七年
窪田弘道「兵庫の新興教育運動」海老原治善編著『昭和教育史への証言』三省堂、一九七一年
窪田弘道「殺してかえすとはなにごとか」大槻健ほか編『いばらの道をふみこえて——治安維持法と教育』民衆社、一九七六年

4 「唯物論研究会」弾圧と周辺の人びと

黒川　伊織

(1) 唯物論研究会／唯物論研究会事件と新島繁

一九三〇年代後半に国家権力による唯物論者への弾圧が吹き荒れるなか（一九三六年のコム・アカデミー事件による講座派［非合法共産党とそのシンパのマルクス主義者］一斉検挙、一九三七〜三八年の第一次・第二次人民戦線事件による労農派［合法無産政党最左派のマルクス主義者］一斉検挙など）、大衆的学術団体としての孤塁を最後まで守ったのは、一九三二年一〇月に創立総会を開催し、三八年二月に解散した唯物論研究会（以下、会とする）であった。会は、機関誌『唯物論研究』（三二年一一〜三八年三月、全六五号）とその事実上の後継誌『學藝』（三八年四〜一二月、全九号）および会員間での意見交換を意図した機関紙『唯研ニュース』（三三年一一〜三八年一一月、全九六号）の発行、さらには会員がそれぞれの専門のテーマについて著した単行本のシリーズ「唯物論全書」（全五〇冊）・「三笠全書」（全一六冊）の刊行を通して、唯物論的観点から人文・社会・自然科学をとらえ直す新たな見方を提示した。これらの機関誌紙や叢書は、ファシズムへの傾斜を急速に強める日本社会のなかで、知識人や学生などの間に広く読者を獲得したのである。

そもそも、会は、その初代幹事長に当時リベラリストとして著名であった長谷川如是閑《によぜかん》が就任しているように、発足当初は、「合理的な科学的な要するに理性を以て物事を判断しようという心駆けの人々」(『唯物論研究』一号、一四四頁)の集まりであり、人文科学を軸としつつ、社会科学・自然科学も包括して、唯物論的観点からの学術的な研究と啓蒙に精力をそそいでいた。しかし、一九三〇年代前半の非合法共産党とそのシンパに対する大量検挙などの影響で、会から身を引く人びとが増えるにしたがって、会は「反ファシズム」を掲げる人びとの孤塁として機能していくことになり、より国家権力からの注視を受けるようになる。そのような事情もあって、三八年一一月二八〜二九日には、岡邦雄や戸坂潤ら会の旧幹事一三人をはじめとする学生やサラリーマンが一斉に検挙され、その後も全国で五月雨《さみだれ》式の検挙がつづいた。その検挙者の総数はいまだ正確にはわかっていないが、検挙された民俗学者の赤松啓介は、兵庫県特高の刑事から全国で一二四人が検挙されたと聞いたとしている(『証言・唯物論研究会事件と天皇制』四一頁)。

最後まで大衆的学術団体として機能しようとした会は、作家の宮本百合子も一時かかわったように、活動の場を狭められた左派の人びとが身を寄せ合う場であった。そのようななかで、会の創立から解散まで会員でありつづけたのは、結成の中心的人物であった岡と戸坂など、わずかな人びとだけであった。

そのような事情もあって、会およびその検挙事件(唯物論研究会事件)は、岡や、敗戦直前に悲劇的な獄死を遂げた戸坂に焦点を据えるかたちで論じられがちである。しかし、本稿では、「忘れられた」

会員――本村四郎の言葉を借りるなら「戦前の華々しい活動歴にもかかわらず、戦後、左翼運動のメイン・カレントで活動しえなかった若干の人々」(『季報・唯物論研究』三〇号、一四頁)」――の一人である新島繁(本名・野上巌、一九〇一～五七年)に注目する。

この新島は、実は山田洋次監督による映画『母べえ』(二〇〇八年公開)で、治安維持法違反により検挙された「父べえ」こと野上茂のモデルでもある。映画では、「戦争反対」を訴えて検挙された「父べえ」は一九四三年に獄死したことになっているが、新島は、三八年一一月の検挙により長く勾留されたものの、四〇年に「転向」して保釈され、戦後は日本共産党に入党して東京・杉並区でさまざまな地域活動をおこないながら人権侵害を厳しく監視し、そして五五年には神戸大学文理学部に着任して、西洋文学史を講じた。神戸大学総合・国際文化学図書館に所蔵される「新島繁文書」は、そのような戦後の新島の活動の記録である。この文書からは、「左翼運動のメイン・カレントで活動しえなかった」と評される新島が、杉並や神戸で、サークル活動などを通じて地域住民とつながり、彼ら／彼女らとともに学びながら、地道に民主主義を教育・啓蒙していたさまを読み取ることができる。

二一世紀も四半世紀が過ぎた現在、「転向」したか「非転向」であったかが、あの苦難の時代を生きのびた先人に対する評価軸ではもはやありえないだろう。獄中にあっても獄外にあっても、治安維持法の網の目から逃れることができなかった時代を生きのびた人びとの〈その後〉から、新たな治安立法にいかに私たちが対峙していくべきかを、読者のみなさんと考えていきたい。

（2）唯物論研究会事件について

先にふれたように、一九三八年一一月の最初の検挙以降も、各地で五月雨式に検挙がつづいた。東京地方裁判所での予審にまわされたのは、岡、戸坂、永田広志、森宏一（杉原圭三）、新島、伊藤至郎、伊豆公夫（赤羽寿）、武田武志（沼田秀郷）、石井友幸、莇田新七、石原辰郎、本間唯一、坂本三善（鍋島茂雄）、岩崎昶《あきら》の一四人である。彼らの予審が終結したのは四一年四月であり（永田のみ同年六月）、東京地方裁判所での第一審判決は四一年一二月二六日に出された。

その量刑を先に確認しておくと、岡（懲役四年未決三〇〇日通算、求刑五年）、戸坂（懲役四年未決一二〇日通算、求刑五年）、永田（懲役三年未決一〇〇日通算、求刑四年）、森（懲役二年未決二七〇日通算、求刑三年）、新島（懲役二年未決一五〇日通算、求刑三年）、伊藤（懲役二年未決三〇〇日通算、求刑三年）、伊豆（懲役二年未決五〇日通算、求刑三年）、武田（懲役三年未決三〇〇日通算、求刑四年）、石井（懲役二年、執行猶予三年、求刑三年）、莇田（懲役二年、執行猶予三年、求刑二年）、石原（懲役二年、執行猶予三年、求刑三年）、本間（懲役二年、執行猶予三年、求刑三年）、坂本（懲役二年、執行猶予三年、求刑三年）、岩崎（懲役二年、執行猶予三年、求刑三年）となっている。このうち、執行猶予がつかなかった岡、戸坂、永田、森、新島、伊藤、伊豆、武田はただちに控訴した。

その控訴審判決は、一九四三年一二月一六日に東京控訴院で出された。その量刑は、岡（懲役三年未決三〇〇日通算、求刑四年）、戸坂（懲役三年未決一二〇日通算、求刑四年）、永田（懲役二年六月未決一〇〇日通算、求刑三年）、森（懲役二年、執行猶予三年）、新島（懲役二年、執行猶予三年）、伊藤（懲役二年未決三〇〇日通算、求刑二年）、伊豆（懲役二年未決五〇日通算、求刑二年）となっており、森と新島には執行猶予がついたし、他の被告も第一審判決よりも減刑された。しかし、執行猶予がつかなかった岡、戸坂、永田、伊藤、伊豆はただちに上告し、海野普吉弁護士による弁護のもと四四年四月八日に大審院判決が出され、全員の上告棄却が言い渡された。その後、伊藤の下獄期日は定かではないものの、四四年七月に岡と伊豆が下獄し、最後の一人となった戸坂は、同年九月一日に下獄した（『ある戦時下の抵抗』関連年表一二二頁）。

なぜ彼らは最後まで頑強に抵抗したのであろうか。それは、会が治安維持法による検挙を逃れるために、相当な努力を重ねていたからであった。新島は「戸坂氏に唯研はどんな会合でも〔警察に〕届けてやる、いかなる方面からみても公然たるもので、思想関係の追究を受ける根拠はない」と入会の誘いを受けたといい（『唯物論研究』一号、一五二頁）、岡も「唯研というものを、どうしても合法的なものとして守っていく」という思いを抱いていた（同前、一五五頁）。このような唯物論研究会の姿勢は、異例のことであった。海野の回想を以下に引用しよう（『弁護士・海野普吉』一二六頁）。

この人たち〔会〕が会合する場所はきまっておりまして、そのつど所轄の警察署の警察官を立ち会わせておりました。これはこの事件の特質で、警察官を立ち会わせて会合するということは、ほかの団体には全然ありません。戸坂氏たちは非常に用心してやったといえましょう。会合の際の発言に対し立会いの警察官はただの一度も注意したこともなかった。

ここまでして自らの合法性を守ろうとした会が、なぜ治安維持法違反事件として検挙されることになったのか。その理由は、非合法共産党が壊滅状態にあるなかで、特高警察は、会をコミンテルンおよび日本共産党の「外郭団体」に擬して、取り締まろうとしたためだ。勾留中、中心人物とみなされた岡と戸坂は、警察で「手記」を書いた。その手記自体が特高警察の意向にそって「書かされた」ものであることは指摘するまでもないが、ここで戸坂は、会が「文化面を通じて日本共産党の拡大強化に資することがその目的であります」とし、さらに会は「党と目標を共通にしながら党の指令とは独立に活動し、党との組織的関連を有たぬ処の党の同伴者団体と見做すことが出来ます」と、会が「党の同伴者的の団体」すなわち党の外郭団体であると記すことになった（『治安維持法』二二六頁）。しかも裁判では、一九四一年三月に公布された改正治安維持法が遡及的に適用されることになり、研究・啓蒙を目的とする大衆的学術団体であった会は、海野の奮闘空しく、コミンテルンおよび日本共産党の「支援結社」に擬されたのであった（『治安維持法の教訓』四九二―四九三頁）。しかも、会が長く積み上げてきた学術的活動もまた、「マルクス主義の宣伝啓蒙」「左翼意識の啓蒙昂揚」であるとされ（『治安維持法』二二八頁）、これ以降、各地の文化的活動も治安維持法により検挙されていくことになる。

ところで、岡や戸坂が、警官を臨席させてまで守ろうとした合法性を、会員みなが理解できていたのだろうか。会の検挙の直前に京浜グループ事件（京浜工業地帯で日本共産党再建をめざして労働者に働きかけをおこなっていたコミュニストが一斉検挙された事件）で検挙された哲学者・古在由重《こざいよししげ》は、戦後、警官の臨席について「そのうちにはおたがいに慣れっこみたいになっちゃって、おしまいには将棋までさしたりしたこともある。（笑）」（『戦時下の唯物論者たち』三四頁）と回想している。この古在の「慣れっこ」は、監視社会となった今の時代にも警鐘をならしているだろう。海野の「警察官等は自分の目の前でさんざん議論をさせておいて、それを種に逮捕するとは、犬か猫に餌をやっておいて捕えて殺すも同様ではないでしょうか」（『弁護士・海野普吉』一二七頁）という痛烈な一文は、決して「慣れっこ」になってはならないことを指摘しているといえる。

（3）新島繁の貫戦史

さて、ここからは新島の話をしていこう。一九〇一年、現在の山口県下関市に生まれた新島は旧制山口高校を経て東京帝国大学文学部ドイツ文学科に進学した。その師は生田長江《ちょうこう》であった。二六年の大学卒業後すぐに日本大学予科教授（ドイツ語担当）に就任するも、まもなく左翼運動に傾倒していった。「新島繁」というペンネームを使いはじめた二九年の秋、プロレタリア科学研究所の芸術部会への参加が、新島にとって「いわゆる人民解放運動、つまり広義の共産主義運動への正式の参加」のはじまりであった（『近代』四五頁）。三一年には、左翼思想を理由として日本大学を辞職させられ、杉並区高円寺で古書店「大衆書房」を開業した。

新島がはじめて検挙されたのは、一九三三年五月のメーデー参加によってであった（一一月釈放）。

釈放後の新島は、幽霊会員であった唯物論研究会に参加しはじめた。のちに神戸大学で同僚となるフランス文学者・小島輝正が「彼のもっとも実質的な学問的・研究的寄与は三四年から三七年にかけてのこの唯研の合法性のなかでなしとげられたといってもよい」(『近代』四九頁)と評価するように、この時期の新島は、『唯物論研究』誌上で芸術や文学を論じながら、フランクフルト学派(一九二〇年代のドイツで生まれたマルクス主義学者のグループ。三四年にナチ党が政権を握るとナチスの弾圧により多くのメンバーがアメリカに亡命した)の一員でありドイツ共産党員でもあった中国研究者・ウィットフォーゲルや同じくフランクフルト学派でありドイツ共産党員であった社会学者・ボルケナウの著作の翻訳に集中していく。彼らの著作のうち新島が関心を抱いたのは、唯物史観にもとづく人類社会の発展史であり、その翻訳によって得られた知見を新島自身が紡いだ歴史が、唯物論全書の一冊として三七年に刊行された『社会運動思想史』である。同書で新島は、「氏族的社会、古代アジア社会」「古代・奴隷制社会」「中世・封建制社会」「近世・資本主義社会」の順に世界における被圧迫者の抵抗史を描き出し、その先に社会主義への移行を見通した。それは、ファシズムが猖獗《しょうけつ》をきわめる日本社会への新島なりの抵抗であっただろう。

一九三九年一一月の検挙、そして長い勾留に、新島は何を思っただろうか。「二尺五寸四方の窓」から冬空を眺める孤独をしたためた詩「知られざる星座」は四〇年一二月はじめに着想し、保釈されてドイツ大使館嘱託として働きはじめる直前の翌年五月に書かれた(『近代』六六頁)。この詩の主題は「生き抜く」ことにあり、それが新島の「転向」の理由なのだろう。そして生き抜いた新島は、戸坂の遺品のソフト帽を常に身につけながら（『近代』六九頁）、民主主義建設のための決意を記す（『近代』五二頁、初出は『人民戦線』一九四八年五月号）。

かれこれ二〇年前から人民解放運動の（それも専ら文化運動の）一端に位し、わずかに微力を奮い起して自ら努めつつも、全線崩壊状態の最悪時期には無念ながらも一落伍者だったことも自認せざるをえない「インテリ分子」の一人として、――むしろそれ故に――現在我が国の当面している所謂民主革命に関する限り、今度こそは、その反動化への逆転を絶対に防ぎ止め、そのよりよき達成のために飽くまで微力をいたしたい。

新島は、左派やリベラリストの議論の場として、戦後まもない一九四五年一〇月の自由懇話会の創設に尽力し、新日本文学会や日本民主主義科学者協会の創設にも加わった。注目すべきは、民生委員を務めて地域住民から「ああいう共産党ならいいなァ」（『近代』一八頁）と評され、のちの五二年二月には、社共の統一候補として杉並区長選挙に立候補したという点である。新島はさらに、松川事件（一九四九年八月、福島県の国鉄東北本線で、線路のレールが何者かによって外され、通過した列車が脱線・転覆して乗務員三人が死亡した事件。労働組合の幹部ら二〇人が逮捕され、第一審では全員に死刑を含む有罪判決が出された。しかし、検察による自白の強要が明らかとなり、事件から一四年後に全員無罪となった）の救援運動にもかかわり、のちに日本国民救援会機関紙となる『人権民報』の初代編集長も務めた。

一九五五年、神戸大学文理学部に着任した新島は、同僚とともに大学近くの女性サークル「いずみ会」の講師などとして地域住民の啓蒙に努めながら、平和運動にも献身した。しかし惜しくも五七年に五六歳で肝臓がんにより亡くなった。戦後「反動化への逆転を絶対に防ぎ止め」ようと尽力した新島は、杉並区の公民館で開催された文化葬というかたちの人民葬によって見送られ、青山墓地の無名戦士の墓に合葬された。ここには、唯物論研究会の経験を貫戦史的に生きた一人の知識人の生きざまを見てとることができるだろう。

参考文献

岩倉博『ある戦時下の抵抗――哲学者・戸坂潤と「唯研」の仲間たち』花伝社、二〇一五年
内田博文『治安維持法の教訓――権利運動の制限と憲法改正』みすず書房、二〇一六年
荻野富士夫『治安維持法の歴史Ⅱ　治安維持法――その成立と「改正」史』六花出版、二〇二二年
岡邦雄・森宏一・伊藤至郎・曾根正哉・伊豆公夫・古在由重・武田武志・新島繁・山田坂仁・本間唯一・甘粕石介「唯物論研究会の足跡」(『唯物論研究』一号、三笠書房、一九四七年一〇月所収)
『季報・唯物論研究』編集部編『証言・唯物論研究会事件と天皇制』新泉社、一九八九年
神戸大学「近代」発行会『近代――新島繁追悼特集号』一九五八年一二月
古在由重『戦時下の唯物論者たち』青木書店、一九八二年
須崎慎一・野邑理栄子「新島繁と新島繁文書」『近代』九一号、二〇〇三年五月
「弁護士海野普吉」刊行委員会編『弁護士・海野普吉』私家版、一九七二年
本村四郎「「唯物論研究会事件」の人びと」『季報・唯物論研究』三〇号、一九八八年一二月

5　村山俊太郎、ひでがめざした民主教育とそれへの弾圧

村山　士郎

（1）北方の地で良心的教師をめざした俊太郎とひで

私の父・俊太郎《としたろう》は、一九〇五（明治三八）年に福島県に生まれている。父の家族は、その後、山形に移住している。俊太郎は、高等科三年の二学期に一六歳で小学校の代用教員に採用されている。そして一九歳で小学校の正教員の免許資格を検定試験で取得し、二一歳で師範学校に進み、さらに、二八年、二三歳で師範学校の専攻科を終了している。卒業後は山形市の教員となっている。勉強家で優秀だったといわれていた。

母・ひでは、一九〇八（明治四一）年に山形県に生まれている。東京にたくさんの米倉庫をもつ裕福な米間屋の娘だった。女学校を出たあと、二七年女子師範学校を卒業し、さらに一年専攻科で学び、県内の小学校に勤務している。

二人は、文学の同人誌で出会い、一九三三年に結婚している。二人が結婚したとき、父は、非合法の教員組合を結成したことで、三二年に検挙され免職になっていた。

（2）俊太郎、一度目の検挙――山形にはじめて教員組合を組織する

一九三〇年八月、日本教育労働者組合準備会が立ち上げられている。山形県の教育労働者の組合づくりは、非合法のもと山形高校の社会科学研究会（社研）の生徒らの指導で進められていく。結成大会は、三一年一一月七日、山形市内のそば屋の二階で七人の参加でおこなわれた。一一月七日はロシア革命記念日である。

生まれたばかりの山形県の教育労働者組合は、実質四か月の活動で弾圧を受ける。俊太郎は、一九三二年二月、勤務していた小白川第六小学校で卒業記念写真の撮影が終わると生徒のいる前で検挙された。検挙は県内一一人におよんだ。俊太郎、二六歳であった。

俊太郎は、次の年の一一月七日のひでに宛てた手紙のなかで、次のように語っている。

「去年のこの夜、私たち同志数名は××市の×所に会合をもって『全協一般使用人組合教育労働部山形県支部』を設置したのであった。それからわずか四か月の月日は、私をどんなに成長させてくれたか。教員生活権擁護と新興教育の建設的努力に熱中した。私は主としてプロレタリア教育理論と実際方面を進めて努力した」（『村山俊太郎著作集』第一巻）。俊太郎、二七歳であった。

（3）教師への復職

俊太郎は、免職後、『山形新聞』の文芸欄の記者として働き、生活綴方の実践理論の論文を多数書

いている。俊太郎は、生涯唯一の単著になった『生活童詩の理論と実践』(一九三六年)もこの時期に書き上げている。この浪人中に、俊太郎とひでは結婚している。

一九三六年、俊太郎は教壇に復帰するために、全国の教員のなかで思想犯として免職された教師の再教育の場として組織された国民精神文化研究所主催の赤化教員再教育講習(俗称「色あげ講習」)を受けている。教師生活に戻れば、軍国主義教育体制のもとで、それにそった教育活動をすることになることは、誰よりも俊太郎自身が理解していたはずである。それでも教師への復職の願いは強かったのだろう。

俊太郎は、一九三七年一月に山形市内の小学校に復職している。そこでは、遅れた学力の子どもへの教育、自治活動の組織、そして生活綴方の実践を旺盛に展開した。生活綴方実践だけでなく、教室に自治活動を取り入れ、学級の文化活動として生徒たちが編集する『教室文化』誌も発行していった。そして、全国誌にも多くの論文を発表した。

復職後の教え子たち(五・六年生)は、俊太郎の学級経営を次のように回想している。

　学級がみるみる変わっていくのがわかった。特に、字を書けない子ども、劣等生扱いされてきた子どもの指導に力を入れていた。カタカナから(当時は一年ではカタカナから教えていた)一年生の教科書を持ってきて教えていた。席も比較的できる子どもとできない子どもとを並べてすわらせていた。そして、学習の援助をするように指導していた(金子静江)。

この回想から、学級に教え合い、学び合いの「協働学習」を自治的に組織して、教室全体の取り組みとして展開していたことがわかる（『村山俊太郎　教育思想の形成と実践』）。

(4) 二度目の弾圧——生活綴方事件

ところが、一九四〇年二月六日、早朝、俊太郎は山形市第八尋常高等小学校の宿直室で検挙された。三五歳であった。全国の良心的な教師が弾圧された生活綴方事件である。俊太郎は以後、山形、新庄、米沢の警察署をたらいまわしにされ、免職となっている。

二月六日の村山俊太郎の逮捕につづき、生活綴方および生活主義教育関係者への弾圧は、東北六県と北海道のほかに、新潟、茨城、東京、愛知、静岡、鳥取、山口、福岡、長崎など各地に広がり、検挙された人は三〇〇人におよんだ。

俊太郎は、一九四一年一二月三一日に出獄するまでのほぼ二年間、留置所、獄中生活を送る。彼は、獄中で重い結核をわずらった。病気で帰ることを許された俊太郎の生家では、「アカになってしまった」息子を家に入れることはなかった。そこから、私の家族は「アカ」と呼ばれるようになった。

母ひでは、そのとき、三人の子どもを育てお腹に新しい命を宿していた．そのときの悲しさを歌によんでいる。

春浅くして山は美しいのに

あなたをうばわれて　ひとりかなしく
叱られて　ひっそりとねむってしまった子らに
よびかけてみる　悲しい夜

(5) 新憲法下でのレッド・パージ

俊太郎とひでは、戦中をなんとか生き抜いて戦後に新しい生活をはじめた。俊太郎は、占領軍の指示で教職に復帰した。病気を押して戦後生まれた新しい教員組合運動の組織に全力を傾け、二・一ストの指導にもあたった。しかし、結核はふたたび悪化し、一九四八年一二月に亡くなった。戦後一時期導入された校長公選制で、俊太郎は校長職に当選したことが記録に残っている。

この時期、母ひでも組合運動に参加していった。新しい組合で婦人部をつくり、女性教師の地位向上に力を入れた。そのとき掲げたスローガンが「同一労働、同一賃金」「産前産後の休暇七週間」だった。今日でも、日本の多くの職種のなかで教員の男女の格差が比較的小さいのは、戦後まもない組合運動の成果なのだ。

ところが、彼女を待っていたのは、またしても弾圧だった。占領軍と日本の保守層は、躍進していた教員運動の活動家にレッド・パージの網をかけてきたのだ。全国で二万七〇〇〇人以上が職を追放されている（教育界では一七〇〇人といわれている）。

ひでは、一九四九年一〇月、レッド・パージで教壇を追放された。山形県で七〇人近いパージのリストから二一人に絞るときに、父を失い五人の子どもを抱えた女教師をなぜはずしてくれなかったのかと組合の幹部に詰め寄ったひでだった。そのときの思いを、ひでは次のように書いている。

県教組はパージ組を召集して生活状態をくわしく調査しても、なんら積極的に斗う決意はなく、どの執行委員もにげごしで僅かばかりの救援資金をだすだけでお茶をにごした。そこには組合という組織の筋金はすでになく、五人の子どもの母である一教師の生活権と、教師の良心と思想を冷たく傍観するだけだった（村山ひで『北方の灯とともに』麦書房、一九五九年）。

ひでの悲しみは、何の闘争も組まず、戦おうとしない逃げ腰の組合幹部の態度であった。基本的人権や表現の自由を認めた新憲法下での思想弾圧であった。

教職を追放されたひでは、一九五〇年代、山形県の母親運動に参加し、県の母親大会を組織していく。そして、一九五九年に生まれ育った東根の市会議員に立候補し、当選している。東根市議会でははじめての共産党議員であり、はじめての女性議員だった。

（6）戦争体験を語り継ぐ課題――そして、日本国民の意識にすり込まれたアカ攻撃

ひでは、よく「弾圧は戦争の前ぶれ」と話していた。

日本人の戦争体験と平和と民主主義を守ろうとした人びとの努力を語り継ぐ運動は、日本の平和運

動の一つの大きな推進力であった。戦争の直接体験世代が少なくなっている今日、戦争体験を語り継ぐ運動はますます重要になっている。

今日、日本国民の戦争反省には二つの大きな課題が課せられている。

一つは、戦争体験を語り継ぐ場合、主に一九七〇年代以降、日本人の侵略戦争体験と意識をどう組み入れていくのかが課題として提起されてきたことである。父や兄弟を戦争に奪われても、大空襲や原爆を受けても、多くの国民は「日本の勝利を疑わなかった」という好戦意識とどう向き合い、後世に語り継ぐのかが問われている。

もう一つは戦前戦後に国民の敵として弾圧された共産主義者とその同調者に対して向けられた「アカ＝非国民」という差別意識をどう払拭するのかも大きな問題である。

「アカ＝非国民」という差別意識は戦争遂行のための「治安維持法」の産物であったにもかかわらず、国民の意識の底流に根強く植え込まれ、今なお、日本の民主主義化の進路の桎梏になっているのだ。「アカ」という差別意識をもつことは、「思想・信条の自由」という基本的人権から逸脱していることがまだまだ常識にはなっていない。

俊太郎の墓は、一九七六年に父のふるさとの山の斜面の共同墓地に建てられた。亡くなったのが四八年だから、三〇年近くたっていた。なぜ遅れたのか。父のふるさとの住民は、戦後も共産党員だった父の遺骨を地域の共同墓地に入れることをこばんできたからだった。その時期、俊太郎の父も母もまだ健在で、弟も家を継いで地域に住んでいたにもかかわらずである。

戦争が日本国民に植え付けた「アカ=非国民」という差別意識は、薄れてきたとはいえ今も国民の意識から消えてはいない。

二〇二三年五月二四日、俊太郎・ひでの顕彰碑が山形県天童市に完成し、除幕式とお祝いの会があった。夫婦で一つの顕彰碑に収まるのはめずらしい。山形では、何年も前から顕彰碑建立の計画・運動があり、全国からの支援も受けてのねばり強い運動が実を結んだ。

俊太郎（一九〇五～一九四八年）について、顕彰碑には次のような文字が刻まれた。

北方のともしび
民主教育は人間の解放の入口である　われわれの民主主義教育や文化の活動が　まず人民の解放のためのものにむすびつかねばならぬし　またそのむすびつきによってのみ　文化の教育が正しいうるわしい光を放つことになる（「教育と人間性」一九四七年より）。

ひで（一九〇八～二〇〇一年）について、顕彰碑には、次のような文が刻まれた。

明けない夜はない
わたしたちは今日／母親の名でちかう／戦争はいや／貧乏はいや／病気はいや／ほんとうの愛／ほ

んとうの暮し／そして／崩れぬ平和をきずこう　と　（山形県第六回母親大会）

こう紹介してくると、俊太郎・ひでは、一貫して闘い抜いた闘士のように見える。しかし、戦争の時代、教師として子どもの前に立つ以上、軍国主義的な教科書を教え、さまざまな軍事教練も指導しなければならなかった。

また、ひでは、俊太郎の顕彰碑などをつくることに反対であった。戦前戦後、幾多の困難をともにくぐり抜けてきた仲間のなかで一部の人だけが顕彰される運動観をよしとしなかったのだ。今日、私たちが、俊太郎とひでの生き方と闘いを顕彰するのは、二人の仕事を誤りのないもの（無謬《むびゅう》主義）として受けとめたり、その英雄主義をたたえるためではないだろう。

碑は、天童市の来運寺の「村山俊太郎の墓」のある墓地に立っている。そちらにご旅行の際は、ぜひ、一度、立ち寄っていただければ幸いである。

参考文献

日本作文の会・村山俊太郎著作集編集委員会編『村山俊太郎著作集』全三巻、百合出版、一九六七～六八年
村山士郎『村山俊太郎　教育思想の形成と実践』本の泉社、二〇一七年
村山ひで『明けない夜はない——母として教師として四十年』労働旬報社、一九六九年

6 北海道綴方教育連盟事件と生活図画事件

川嶋 均

（1）事件の発端――北海道綴方教育連盟事件

一九四〇年一一月二一日未明、北海道で三人の若い綴方教師が特高警察に検挙された。釧路の坂本亀松、女満別《めまんべつ》の小鮒寛《こふなひろし》、十勝の横山眞《まこと》の三人の訓導だった。訓導とは旧制小学校での正規教員のことで、現在の教諭にあたる。作文により子どもたちに生活の現実をありのままに見つめさせ、北海道という風土のなかでたくましく生きる力を培おうと生活綴方の研究・実践に取り組んでいた北海道綴方教育連盟に対する弾圧のはじまりだった。

年が明けた一九四一年一月一〇日、その朝は零下三〇度を下回る寒さだったが、さらに全道で五二人にもおよぶ大量検挙がつづいた。この日の検挙者のなかに、多くの綴方教師に混じりただ一人、旭川師範学校の美術教師・熊田満佐吾《くまたまさご》（当時三〇歳）が含まれている。綴方事件と密接な関連のうちに引き起こされた生活図画事件のはじまりだった。検挙直前の一月五日と六日には、熊田を中心とする北海道図画教育連盟結成の集まりがもたれ、これから活動をはじめようとする矢先だった。このあと九月二〇日には生活図画の関係者二四人が捕まり、さらに翌四二年まで検挙がつづくのである。

ところで『特高月報』では、一一月検挙の三人も、一月検挙の五二人も、犯罪被疑事実の欄には全員が「生活学校関係」と記されている。『生活学校』は、東京・池袋にあった「児童の村小学校」の生活教育研究会がつくっていた雑誌で、地方の現場教師の実践と、中央の学者や芸術家を結び、生活綴方や生活教育について論争の場を提供していた。最初にこの雑誌に目をつけて共産主義事件をでっちあげたのは、山形県警察部の特高係主任・砂田周蔵警部補で、その図式が東北・北海道を中心に全国に拡大した様子が、取調室での砂田とのやりとりを克明に記録・再現した山形の綴方教師・国分一太郎の『小学教師たちの有罪——回想・生活綴方事件』に詳述されている。北海道で起きた二つの事件も、その延長にあったのである。

北海道で最初に捕まった三人の綴方教師のうち横山眞は、熊田満佐吾から美術部で最初に教えを受けた生徒の一人で、図画の分野でも綴方にならい教育連盟をつくろうと先頭に立ち奔走していた。雑誌『生活学校』一九三五年一一月の美術特集号に、図画教育を論じた横山の文章が掲載されている。この横山の関係から熊田に捜査の手がおよんだのだろう。横山は二年近い過酷な獄中生活で結核が悪化し、投げ出されるようにして仮出所後、二八歳で死亡している。

（2）生活図画関係者の大量検挙へ

九月二〇日の大量検挙では、旭川師範学校美術部出身者で道内各地の小学校で教えていた若い訓導や、師範の現役生徒、熊田と協力して生活図画運動の一翼を担った旭川中学美術教師・上野成之《しげゆき》とその教え子の卒業生たちも捕まっている。旭中から東京美術学校（現・東京藝術大学）に進み東京で就職していた谷口廣《ひろし》（一九四二年二月東京で検挙）や、同じく旭中から美校に進み、修業年限短縮の繰り上げ卒業で応召後、軍隊内で捕まった島田美成《びせい》（『特高月報』には記載がない）までを含めると、図画関係の検挙総数は二七人となる。このうち起訴されたのは一八人で、首謀者とされた熊田満佐吾の懲役三年六月を筆頭に、実刑の有罪判決が三人、執行猶予付きの有罪が一三人であった。そのほか、綴方事件の検挙者中にも横山眞をはじめ師範美術部関係者が三ないし四人おり、彼らも美術の活動について厳しく取り調べられたことは想像に難くない。

（3）特高・検察と文部省教学局

一九四一年一月一〇日の綴方第二次検挙については、直後の一月一五日の日付がある司法省刑事局の機密資料『思想特報』に、「『生活学校』グループ系『北海道綴方教育連盟』関係事件検挙概況」の標題が付く生々しい記録が残るほか、七月一七・一八日に全国の地方裁判所の思想判事や思想検事らが一堂に会しておこなった『第十九回思想実務家会同議事録』に、捜査の全体を指揮した札幌控訴院思想検事・望月武夫が、捜査状況を詳細に報告する発言記録も残されている。

これら二つの報告は、一九四〇年二月に山形県警察部が検挙した綴方教師・村山俊《とし》太《た》郎《ろう》の取調べ（本章5参照）から、雑誌『生活学校』に関係する東北と北海道の訓導の一斉検挙が決まり、道内での捜査指揮を望月が求められたこと、検挙日時を学校が冬期休暇中の一月一〇日午前六時としたこと、検挙者を意識程度高く取調べに相当期間を要する見込み者をA組、それ以外をB組に分け、まずBから調べて釈放できる者は釈放し、それ以外をAに編入したこと、被検挙者の身分に関して道庁学務部と連携して措置を講ずること、新聞記事の差し止めを警察部に為さしめたことなどに言及するほか、後者の望月報告は、旭川師範学校図画教諭を、多数の生徒を啓蒙した嫌疑により検挙し、現在捜査中であることにもふれている。また生活綴方とは、児童にその現実生活に即して資本主義社会の矛盾を自覚させ階級意識を啓培する教育で、公教育という合法場面を利用する点に着目すれば、人民戦線的プロレタリア教育方法といいうると断じている。

現在捜査中の図画教諭とは、もちろん熊田満佐吾のことである。望月が自画自賛するAB組に分けての捜査手法は、勾留された者たちの証言とも符合する。不衛生な留置場の独房に、何の嫌疑で捕まったのかさえ告げられずに長期拘禁されて、二か月も三か月も放置された末にようやく取調べがはじまったというような話は、旭川師範の現役生徒として捕まった松本五郎など、多数の証言がある。

検事・望月武夫は、一九三三年に長野県下で六〇八人の大量検挙者（うち小学校教員が二三〇人を占める）を出した「二・四事件」（本章2参照）でも捜査を担い、国家による教育への介入と弾圧に並々ならぬ使命感と自信を深め、三九年から北海道に赴任した人物である。

一方、文部省では盧溝橋事件により日中が全面戦争に入った一九三七年七月、それまでの思想局を廃して教学局が創設された。これにより教育現場の思想対策は、従来の赤化防止の思想統制から踏み出し、超国家主義的な皇国史観の普及鼓吹と、そのための精神教育・錬成教育の方向に向かったとされる。そして北海道庁の学務部にはじめて設けられた教学官に四一年四月に就任したのが三浦義雄だった。「青白くやせた顔に、底気味の悪い細い眼をもった人間であった。何か会のあるごとに出てきて、今監獄にぶち込まれている（綴方教育の）連盟員は、悪辣極まる教師どもであると言って、並み居る教師を震えあがらせるのだった」「三浦義雄なる人が着任してからは、特高以上にこじつけ的なアバキで、教育界は暗黒時代に入った観があった」等、関係者の証言が複数ある（『北海教育評論』一九五四年一一月、櫻井忠や石附忠平の記事など）。四〇年に北海道思想対策教育研究会が開いた教員鍛錬会では、思想検事・望月武夫が、四一年以降は同様の修練会に、望月と並び教学官・三浦義雄も講師として名を連ねている。警察・検察と教育行政が一体となって錬成教育をめざし、教育の取締り強化に動くなかで引き起こされたのが、綴方事件であり生活図画事件だった。

（4）生活図画とは

それでは生活図画教育運動とは、どのようなものだったのだろう？　その中心にいた熊田満佐吾が東京美術学校図画師範科を卒業して旭川師範学校に赴任したのは一九三二年八月、前年の九月に満洲事変がはじまり社会が急速に軍国主義に傾くなかで、文部省の思想統制が強まった時期である。赴任後すぐに美術部の部長を任せられ、その秋には旭川中学の美術教師・上野成之や、旭川商業学校にも呼びかけて、三校の美術部による「旭川中等学校美術連盟」を組織し、合同の美術展を開いたり、スケッチ会や学習会を活発におこなうなど、美術部と連盟の活動が熊田の生活図画教育の中心的な舞台となっていく。熊田は戦後出版した自伝のなかで、連盟結成の動機を、「旭川師範生徒の言論出版発表の自由獲得のための斗いであった」と述懐しつつ、当時の雰囲気を次のように描写している。

私の勤務した旭川師範学校の教育方針も、創立当初はかなり自由主義的であったようですが、この頃は、国家の教育政策がだんだん徹底して、「国体明徴」のための訓育が強化され、学校内外での生徒の取締りや検閲は一段と強化されていました。「軍事教練の学校生活化」というスローガンがありましたが、ここからも窺えるように周到な監督や指導が徹底していて、生徒達は学校や寄宿舎における生活の面ではもとより、学習面でも自由や権利は極度に抑えつけられ、自分の考えている事を言ったり、発表したりする事は厳しく禁じられていました（『青年の顔』一八頁）。

まっすぐに伸びようとしてもどうしても伸びられない多くの若い生徒、痛ましくも卑屈にならずにはいられない小さな魂の慄き、それだけならよいが徹底的に反動色に塗りかえられ学窓を出ていく若い教師……はち切れそうな若い力をなぜ生き生きと育むことができないのだろう？（同、七五頁、東京美術学校卒業生の同人誌『デッサン室』一九三五年への寄稿）。

そして鬱々として日々を送る生徒たちに美術を通して未来への展望を抱かせようと、幾度となく校長を説得し、美術部を民主的に運営するための生徒たちの機関誌『アカシヤ』の発行や、連盟の結成などを認めさせていくのである。美術部の活動は運動部などの生徒も巻き込み、学内には「ルネッサンス研究会」「ベートーヴェン研究会」「教育紙芝居研究会」などの研究サークルも生まれた。こうした活動の一つひとつが、国家の金城鉄壁として軍国主義的管理を強める師範学校内で、人間の尊厳を守り、不屈に生きることの値打ちを教えようとする、教育者・熊田の闘いだった。

司法省刑事局による極秘資料『生活図画教育関係治安維持法違反事件資料』（一九四一年一二月）に記録が残る獄中手記で、熊田は自身の考える生活図画について説明している。それによると、熊田は自らが追求した生活図画を、図画教育におけるレアリズムであると規定し、生活をたんに題材として扱う芸術至上主義的な立場からの図画教育の批判のうえに、「形象を看取し表現することにより物の本質を把握し、それを批判する眼を養い、さらに自己の生活を反省してさらに高いものに高めようとの意志的欲求を育てること」こそが肝要だとした。

そして生活図画教育の第一段階を、形象を看取し表現することのできる「眼の基礎錬成」をおこなうこと。第二段階は、「ものとものとの関連」において、また「ものと社会との関連」において総合的に観る力を養い、児童の生活現実が、家庭、学校、社会により制約され触発されていることの認識を育てること。第三段階は、こうしてありのままの姿として認識した現実を反省批判させ、そこからさらに「かくあるべき生活」を引き出させることであるとする。ありのままの生活をただ写し取るだけではなく、積極的な未来を人びとに展望させ行動を促す絵こそ、熊田のめざす生活図画だった。

このような熊田の美術教育が、師範出身の訓導たちに教育現場でどのように実践され、どんな児童画を生み出していたのかは、弾圧の時代をくぐり抜けて残された作品が見つかっておらず、明確にはわからない。綴方であれ図画であれ、検挙された者たちにかかわる一切の痕跡が、特高による押収に加え、学校でも家庭でも、弾圧を恐れた人びとにより焼却され失われるケースが多かったのである。

そんななか、連盟展に出品された油絵作品の一部（生徒の作品二二点、熊田の作品五点）が、生徒たちがモノクロ写真で記録したアルバムとして奇跡的に残されている。『旭師美術部作品アルバム第2集』（一九四〇年）とされるもので、二〇二〇年に九九歳で亡くなった松本五郎が保管していたものが一冊と、同じ内容のものがもう一冊、つい最近、熊田の遺品のなかからも見つかった。これとは別に一九三六年につくられた第1集が、戦後七〇年代までは存在したことがわかっており、事件を世に知らしめた小田切正の先駆的研究『戦時下北方美術教育運動』（一九七四年）に図版として何点か使われているが、このアルバムは現在行方知れずとなっている。

（5）投獄された生徒たち――松本五郎、菱谷良一の証言から

筆者が生活図画事件を調べはじめた二〇一八年春、関係者のうち生存者は、アルバムを保管していた松本五郎と、その同級生・菱谷良一《ひしやりょういち》の二人だけとなり、綴方事件の関係者はもはや一人も残っていなかった。

一九四一年一月一〇日に熊田満佐吾が検挙されると、冬休み明けの師範学校は大騒ぎになっており、生徒たちは一人ずつ体育館に呼び出され、学校当局から特高まがいの厳しい尋問を受けた。その結果、卒業を目前にしていた松本ら五年生の六人が熊田からの影響大と判断され、一人が放校処分に、松本、

図1　菱谷良一『話し合う人々』

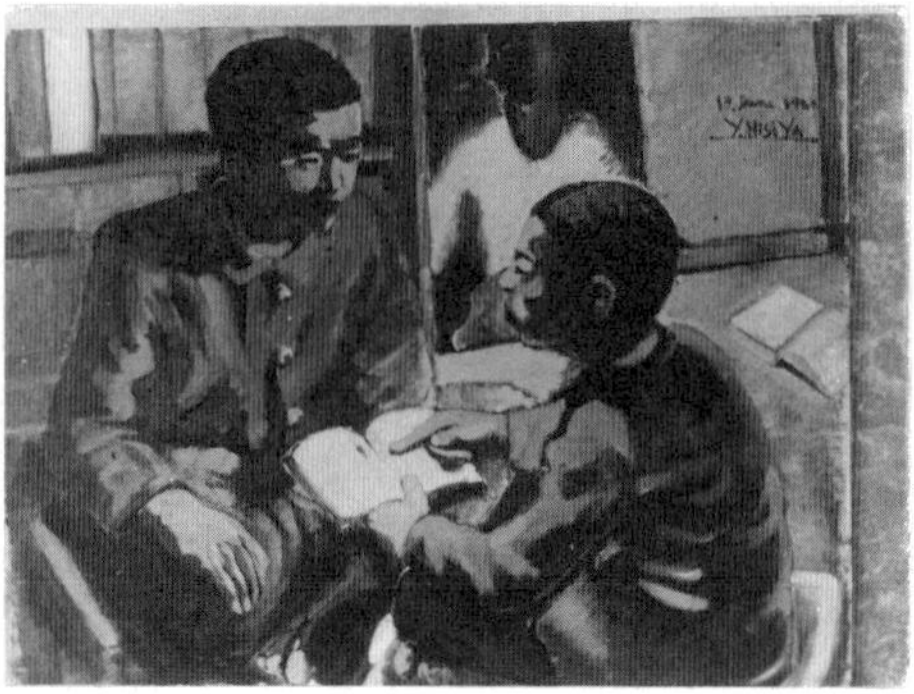

出典：『旭師美術部作品アルバム第2集』1940年。

菱谷を含む五人は軍事教練の成績が零点とされて留年となり、校長による『国体の本義』の特別授業を受けさせられるなどしながら、六年目の師範生活を送っていた九月二〇日早朝、寄宿舎で寝ていたところを特高刑事にたたき起こされ、思いもかけず検挙されるのである。検挙時、松本は二〇歳、菱谷は一九歳。その年の末には、警察の留置場から旭川刑務所の未決監に送致され、零下三〇度を下回る極寒の独房で接見も通信・図書も禁じられる厳しい獄中生活を強いられ、その間に師範学校の学籍も剥奪されていた。

起訴にあたって証拠の一つとされた菱谷の油彩『話し合う人々』は、アルバムに残る作品の一つで、一冊の本を前に何かを話し合う生徒二人の姿を描いたものだ。白い頁が描かれているだけの本からはその内容をうかがい知ることはできないが、高杉倫警部補による取調べでは「アカが読む本を前に共産主義のことを話しているのだろう」と決めつけられた。

先述の司法省刑事局資料には、被疑者菱谷良一から松本五郎に宛てた手紙、松本五郎から菱谷良一に宛てた手紙、そのほか菱谷が美術部の友人たちとの間に交わしたとされる複数の手紙が証拠品として掲載されている。「現在社会の矛盾生活の苦しみの原因は、資本家の暴圧であり、吾々プロレタリアートは常にそのもとに泣かねばならぬ」等、どの手紙にも勇ましい言葉が踊っているが、送信・受信ともすべて、高杉警部補に命じられるままに菱谷が一人で書かされたものだという。特高による証拠資料の捏造が、取調室であからさまにおこなわれたのである。「共産主義の本など読んだこともないのに、無理矢理主義者に仕立て上げられた」と言う菱谷は、事件被害者のなかで最年少だった。菱谷、松本とも、勾留期間は一年三か月におよび、裁判では懲役一年六か月、執行猶予三年の有罪判決を受けている。

二〇一八年一〇月、二人が十勝・音更《おとふけ》町で生活図画事件を語る講演会があった。この席で、「師範時代、熊田先生から受けた教えで一番心に強く刻まれていることは？」との筆者の問いかけに、松本はひと呼吸おいて迷うことなく答えた。「それは『指月《しげつ》の譬《たと》え』の話です。教師の仕事というのは、『ほらお月様があんなにきれいだよ』と人々に指し示す指のようなものだという話を、先生はよくして下さいました。世界の美しさ、素晴らしさを子供たちに示すことこそが、教育という仕事本来の役割であることを忘れてはいけないと、先生は折りにふれおっしゃったのです」。

暗い軍国主義の時代、熊田が獄中手記に書いた「かくあるべき生活」への展望を指し示す教育・芸術の役割を、生徒たちにはこんな譬え話で熊田は語っていたのである。

松本は戦後、中標津《なかしべつ》の農民たちの懇請により、開拓小屋で子どもたちの教育に従事し、その後、中標津の西竹小中学校初代校長などを歴任して美術教育に打ち込んだ。この講演会の二年後、松本は一〇〇歳を目前にして逝去した。菱谷は勤務したガス会社を定年退職後、長くやめていた絵をふたたび

図2　旭川中学校『凶作ポスター三部作』の一つ（1935年）

出典：旭川中学校『学友会雑誌』29号（旭川市中央図書館蔵）。

はじめ、一〇三歳となる今（二〇二五年一月現在）も旭川市内の老人施設に住んで、元気に絵筆を取っている。一〇〇歳を過ぎて書きはじめた自伝も、最近出版にこぎつけた。

関係者の大半が鬼籍に入り、調査は時間との戦いになっているが、二〇二四年には筆者による調査で埼玉県内の住居から、横山眞、土橋《どばし》明次《あけじ》、大森尚《ひさし》など北海道綴方教育連盟の弾圧された訓導たちが指導した綴方文集がまとまって発見されたり、生活図画では、軍隊内での逮捕時にすべての作品が失われたと考えられていた島田美成が、東京美術学校油画科の卒業製作に提出した油彩『老婆』の記録写真が筆者が勤務する東京藝大で見つかるなど、新たな成果もあがっている。網走の訓導・佐藤秀雄が、検挙前に秘かに校長に預け守られたスケッチブックが発掘され、旭川中学で上野成之が一九三五年に指導した『凶作ポスター三部作』の一枚が、『学友会雑誌』のなかに鮮明なカラー図版で見つかったのも、つい最近のことだ。

発見されたこれらの文集や絵画作品は、軍国主義ファシズムが吹き荒れた治安維持法の時代、「表現の自由」が乱暴に踏みにじられた歴史がこの国にあったこと、その困難のなかで、民主教育の灯を心にともしつづけて闘った教師たち、若者たちの足跡を証している。どこかでまだ人知れず眠っている残された資料を、散逸・消失から救い出し、記録にとどめる作業が急がれる。

北海道で当時描かれた児童の生活図画に関する情報をおもちの方は、ぜひ筆者までご一報いただきたい（HitoshiKawashima@gakushikai.jp）。

※本稿は、川嶋均『生活図画事件――最近の発見から』（『歴史評論』二〇二五年三月号）をもとに一部加筆・改変したものである。

参考文献

小田切正『戦時下北方美術教育運動――埋もれていた記録』鳩の森書房、一九七四年
荻野富士夫『戦前文部省の治安機能――「思想統制」から「教学錬成」へ』明誠書林、二〇二二年
熊田満佐吾『青年の顔――美術教師の八〇年』私家版、一九九一年
熊田満佐吾「現実を認識させるために――生活図画教育運動のこと」大槻健ほか編『いばらの道をふみこえて――治安維持法と教育』民衆社、一九七六年
国分一太郎『小学教師たちの有罪――回想・生活綴方事件』みすず書房、一九八四年
菱谷良一『百年の探求――真の自由と平和を思考し続けて』私家版、二〇二三年
松本五郎『証言　生活図画事件』私家版、二〇一三年
宮田汎『増補版　生活図画事件――戦時下の民主教育　もう一つの峰』私家版、二〇〇八年
北海道教育研究所編『北海道教育史　全道編四』北海道教育委員会、一九六四年
司法省刑事局『思想特報』一九四一年一月一五日
司法省刑事局『生活図画教育関係治安維持法違反事件資料』一九四一年一二月
司法省刑事局『生活主義教育運動に就て　検事堀口春蔵報告書』復刻版、東洋文化社、一九七二年
『第十九回思想実務家会同議事録ほか』復刻版、東洋文化社、一九七五年
文部省教学局「生活図画教育運動事件概況」『思想情報』第三十四号、一九四二年一二月

7 治安維持法下朝鮮の学生運動
――光州事件と春川中学・常緑会事件

丸浜　昭

（1）朝鮮社会のなかの高等普通学校について

二つの事件を記す前に、まず事件にかかわる高等普通学校（基本は五年制。以下、高普。一九三八年の第三次朝鮮教育令で中学校となる）についてふれておきたい。

高普は、一九二二年の第二次朝鮮教育令で規定されたもので、普通学校（日本の小学校に相当、基本は六年制だが四年および五年制もあった）の卒業生が進学できた。しかし第二次朝鮮教育令下でも学校数の不足などから義務教育は実施できず、三〇年の時点で普通学校就学率は推定三〇％程度で、経済面からの中途退学者も多数あったという。つまり朝鮮の子どもの多数は学校教育を受けられなかった。公立高普は一三の道庁所在都市のすべてに設置されたが、それ以上積極的には建設されなかった。普通学校卒業生の高普進学希望者は多く、競争率（志願者数を入学者数で除して算出）は三～五倍であり、高普への進学は朝鮮社会のエリートへの道だった。

朝鮮教育令では、植民地朝鮮における教育の目的は「教育に関する勅語の旨趣に基き忠良なる国民を育成することを本義とす」とされていた。そして国語（日本語）修得が強制され、朝鮮語（ハングル）

の授業などは規制された。その後「文化政治」に転換すると高普では規制が少し緩められたが、総督府の教育政策の基調は朝鮮の民族性を無視した日本への同化教育だった。

当時の朝鮮社会のなかで高普はどのような存在だっただろうか。高普の朝鮮人学生（朝鮮では中等学校生徒に学生の呼称が使われた）に、総督府はエリートとしての教育を施し、同化政策にもとづく植民地統治に協力する役割を求めた。一方で朝鮮人社会の側は、民衆の啓蒙やハングル普及運動などを担う民族的指導者の役割を期待した。崔誠姫『近代朝鮮の中等教育』によれば、朝鮮の新聞社主催で学生のハングル普及運動がおこなわれていたという。また高普では、一九三〇年代半ばまでたびたび「同盟休校」が起こされた。これは「学生が教育上の諸問題やあるいは政治的要求を貫徹させるための手段として学業を拒否する集団行動」であった。高普は植民地統治がもつ矛盾が現れるところだった。

こうしたなかでの二つの事件を見ていきたい。

(2) 光州学生運動――「三・一運動」以来の大規模な民族的運動

光州学生独立運動記念館

光州での学生運動というと一九八〇年の民主化運動がよく知られているが、日本統治下の二九年にも大規模な運動が起こされた。公営の「光州学生独立運動記念館」（六七年に光州広域市東区黄金洞で設立、二〇〇五年に新築、ホームページを日本語で読める。https://gsim.gen.go.kr:446/jp/）がそれを伝えている。

事件の発端と背景

一九二九年一〇月三〇日の夕方、光州駅から羅州駅に到着した通学列車のなかで、光州中学（旧制の日本人学校）の日本人学生が光州女子高普の朝鮮人学生をからかい、光州高普の朝鮮人（博物館では韓国人と表記）学生たちが抗議をするうちにもめ事になった。翌日、翌々日も列車や光州駅で争いが起こり、一一月一日両校の教員、駅員、出動した警察官たちが解散させた。植民地権力の保護下にある日本人学生と、朝鮮人学生の間には対立の火種が蓄積しており、その爆発だったが、対処は朝鮮人側のみを悪者扱いする差別的なものだった。これに朝鮮の学生たちは抗議の運動を展開していった。

運動の広がりと市民の朝鮮人学生支援――しかし弾圧へ

一一月三日、明治節の記念式では、朝鮮の学生は沈黙で抵抗した。一一時頃、須奇玉町の郵便局の前で朝・日学生が集団衝突し、光州駅一帯は修羅場となった。正午頃、朝鮮学生側が高普の講堂に集まって事後対策を話し合い、満場一致で示威行動をすることに決める。学生たちは午後二時頃から、三時間ほど光州市内を示威行進、午後五時頃に解散し、各方面ごとに集団で帰宅した。

示威の行列が光州市の町中を通り過ぎるとき、市民たちは歓呼した。ホトック（中国式パンの一つ）を売るおじさんは、貧しかったにもかかわらず竹篭いっぱいに入れたホトックをただで配り、また柿売りは柿を餅売りは餅を配りながら、学生たちの義に満ちた行動に声援を送ったという。

しかし、この日の午後七時には、主導者の検挙がはじまった。翌四日、光州高普と光州中学に三日間の休校令が出され、警察は四日から一一日までに七〇余人の朝鮮人学生を検挙して、六〇余人を検事局に送致した。それでも光州では再度学生の結集が図られるが、一二月にかけて活動は抑えられていった。

光州から京城など各地に波及――「組織」に対する治安維持法の猛威へ

この運動は光州にとどまらなかった。「勇敢に戦へ、学生大衆よ！」「朝鮮人本位の教育制度を確立せよ」「植民地奴隷教育制度を撤廃せよ！」などのスローガンが載った檄文が広められていった（『近代朝鮮の中等教育』三一一頁）。光州学生運動は一二月に入って中心舞台が京城に移り、京城帝国大学はじめ、主な専門学校と中学で差別扱いなどを批判する檄文が配布され、一部は地方都市にも拡散、さらに海外にも波及した。そして三・一運動以来最大の抗日運動へと発展した。

背景には、この時期に進められた朝鮮共産党や民族運動の新幹会などによる組織的な活動があった。しかしその活動は、朝鮮半島でも治安維持法の猛威によって一九三五年をピークにほぼ諸組織が抑えられ、沈静化させられていった（第1章1参照）。

拷問について

記念館のホームページには、次のような拷問道具の話や、拷問の体験記が載せられている。

拷問のやり方も様々だった。棍棒で殴るのは日常茶飯事なことで、薪の木を足の間に挟んでおき、そのまま土下座をさせた後、その上から靴を履いた足で踏みつけたり、手の爪の下を鋭い錐で刺したりした。またお腹が破裂するほど水を飲ませたり、粉唐辛子の水を鼻から注ぎ込んだり、両手を後ろ側で縛り上げてから天井にぶら下げる、所謂《いわゆる》飛行機拷問というものも受けた。

荻野富士夫は、警察の調べで自白強要に拷問が多用され、その後の予審などのなかで被告が否定しているにもかかわらず、警察での自白が判決に採用された実態を明らかにしている。そして、拷問は朝鮮では日本国内より過酷だったと記している（第1章1参照）。治安維持法を適用する裁判では、証言の証拠が重要だった。

（3）治安維持法を適用した春川中学の常緑会事件

常緑会事件とは

京城の東方二〇〇キロほどの都市春川は、光州学生運動の際にその動きが早くに伝わった地で、春川中学（一九三八年第三次教育令で高普から改名）は開校以来反日的機運が継承されてきたという。そこで起きた常緑会事件を見ていく。

一九三七年三月にこの春川中学で、四年生六人が学生サークルの常緑会を結成し、さまざまな活動をおこなっていた。名称は小説『常緑樹』からとったという。沈薫作のこの小説は、学窓で知り合った男女が帰農して啓蒙活動などにかかわる内容で、六人の学生はこうした主人公の生き方に共感して常緑会と名づけ、学生の読書会、さらに地域の老人会、子供会など朝鮮社会のなかでの活動をしている（飯沼「春川常緑会事件研究」）。六人には、朝鮮社会のなかでの学生としての役割について強い自覚があったと思われる。

では常緑会事件とはどのようなものだったのか。一九三八年一〇月に、校外でのパンの買い食いの校則違反をめぐる日・朝学生への差別的対処から、春川中学で同盟休校が起こされた。各地で盛んだった同盟休校はすでに抑え込まれていたなかでの事態に、警察は春川中学の同盟休校の裏には呼びかけた学生団体があるとして、前から警戒の目を向けていた常緑会の捜査に手をつけた。常緑会は、中心を担ってきた四年生が三八年三月に卒業を迎えたため新しい体制で活動がはじめられた時期だったが、捜査は発足期にさかのぼって、卒業生も含めて三八人を検挙した。春川警察署で同年一一月から翌三九年春まで取調べがおこなわれ、訊問調書が作成された。そして結局、起訴処分は一二人で、三九年一二月に、治安維持法第一条違反で一〇人に懲役二年半、二人に懲役一年半と執行猶予三年の判決が下された。パンの買い食いに端を発する同盟休校で罪が問われたのではなかった。

どのように治安維持法が適用されたか――訊問調書を見る

この裁判では、春川警察署で作成された訊問調書を基本に判決が下されている。それがどのような問題をもっていたかを考えてみたい。

訊問調書は各人それぞれにつくられるが、常緑会・読書会にかかわるところなどでは一定の共通した型(内容)が見られる。問答形式で常緑会とのかかわりを問い、結成に参加や会への加入が確認される。つづいて常緑会の目的について問い、「民族意識」「民族の独立」の語が使われて、各人が常緑会は朝鮮の独立を目的とする団体だと理解していたと確認される。朝鮮における治安維持法の運用では、基本的にこれで第一条一項の「国体変革」を適用できることになる。

また、読書会は常緑会のもとで活動したとされ、例会の参加者の人数、名前、誰が誘ってきたかが確認されている。書籍としては民族主義の関係が多く取り上げられている。老人会や子供会の活動でも常緑会員が「演説」をした記述が多数ある。これらは、改正された治安維持法第一条の目的遂行罪の適用にかかわる。

こうして訊問調書は、もともと治安維持法違反の証拠となるのに必要な筋書きにそって作成された面をもつと思われる。とはいえ、ここからも学生の多様な活動や民族・文化への強い思いを知ることができる。ただ、当然のことだが、学生たちや当時の朝鮮社会の実像はとらえにくい。治安維持法が朝鮮社会にどのような意味をもったかを考えるとき、この姿を少しでも探ってみたい。

治安維持法適用の意味は?——シン・ギチョルにふれて

訊問調書からはうかがうことができない学生の姿をとらえようとしたNHKの番組がある。二〇一八年八月一八日放映のＥＴＶ特集「自由はこうして奪われた〜治安維持法10万人の記録〜」では、受刑者の一人シン・ギチョルの妹シン・ジェチョルが、彼の写真を前に次のように語っている。

本物はもっと格好良かった。／とても善良で人に好かれていた。／本が大好きで、男らしいクールな性格。少し短気だけど包容力がある。／お金に対する欲がまったくなく、貧しい人にその場で手持ち金を全部差し出したこともあった。／正義に反する位ならご飯が食べられなくなってもいいと考える、まっすぐな性格の人だった。

シン・ギチョルは常緑会でリーダーの役を担ったが、先頭に立って運動を引っぱっていく政治的リーダーとはやや異なる、まじめな好青年が思い浮かぶ。

他方、訊問調書によれば、高普三年生頃までは「至って純真なる学童」だったが、父や兄弟などの影響は大きく、とくに一九三八年春頃、亡くなった兄が残した民族主義の本などを読み、その思想が強くなったという。この時期は思想的な一つの転機だったのだろう。そして、常緑会にすでに加わっていた同学年の友の誘いを受けて読書会に参加し、二人で読書会の拡大に取り組みはじめた。

この時期、常緑会は中心の五年生が卒業を迎え退会者も出、警察の動きも感じられるなどの困難が生まれていた。会の解散が避けられないと考えシン・ギチョルは退会を表明したとも訊問調書に記されている（なお、このことは判決文ではふれられていない）。しかし、結局会の活動から身を引くことはせず、六月には読書会で新入会員数人を迎えて朝鮮語について話し合い、春川中学で実施された修学旅行における規律のあり方をめぐる感想会も開いた。

シン・ギチョルと友の二人は、懲役二年半の判決を受けた一〇人のなかにいた。ＮＨＫの番組で水野直樹は、この刑は日本内地であれば懲役一年半で執行猶予付きが普通で、重刑だと述べている。植民地統治下で、民族主義や独立の問題に学生が目を向けるのは自然なことで、シン・ギチョルと友の二人のまわりにもそうした学生がいたであろう。判決は、そうした学生への影響を断ち切り、民族主義の活動は認めないという見せしめの意味もあったのだろう。

また妹は、一九四二年に刑期を終え出獄してきたシン・ギチョルは耳が聞こえなくなっていて、父親の位牌の前で泣きつづけ、刑務所での話は一切しなかった、よほどつらいことがあったのだろうと語っている。番組では常緑会のメンバーの「獄死」も取り上げ、普通は重くなるはずの遺体が、衰弱していて紙のように軽いものだったという話も紹介している。シン・ギチョルの三九年三月二九日付け春川警察署での訊問調書に、「現在の心境」を述べたという一文がある。

私は検挙されて以来永らくの間反省を為し、且つ今までの御訊問の時の御話を承り吾等の主義思想が誤りである事を充分に判りました。搾取とか圧迫とか又は差別待遇とかを高調したのは弱年の身を以て社会を知らず、主義的書籍、誤れる先輩の談話に因って妄信し、偏狭なる思想であったことを充分認識しました。而して皇国臣民、日本国民の意義を納得したのであります。今後は此の認識、覚悟を堅持して不穏思想を排撃して純真なる皇国臣民の一員となり活動する決心であります。

このあとには、「右本人に読聞かせたるに相違なき旨申立て署名拇印したり」とある。どのようにこの一文が記され、ギチョルは署名拇印したのだろうか。

朝鮮社会のエリートとして総督府の期待を背負わされる一方で、日本統治下の朝鮮の人びとがおかれた苦難のなかで、自らの生き方を模索した学生が少なからず存在した。シン・ギチョルもその一人だったに違いない。

参考文献
飯沼博一「春川常緑会事件研究――常緑会事件訊問記録をとおして」兵庫教育大学学術情報リポジトリHEART、一九九四年
NHK「ETV特集」取材班著・荻野富士夫監修『証言　治安維持法――「検挙者10万人の記録」が明かす真実』NHK出版新書、二〇一九年
荻野富士夫『治安維持法の歴史Ⅳ　朝鮮の治安維持法　運用の歴史』六花出版、二〇二二年
「韓民族獨立運動史資料集」58〜60　https://db.history.go.kr/modern/level.do?itemId=hd（二〇二五年二月二〇日閲覧）
崔誠姫『近代朝鮮の中等教育――1920〜30年代の高等普通学校・女子高等普通学校を中心に』晃洋書房、二〇一九年

8 エスペランチスト・長谷川テル
——日中友好のかけはしとなって

西田　千津・田辺　実

（1）日本時代

奈良女子高等師範学校学生を検挙

一九三二年九月一三日「赤の二女性退学の処分『誠に遺憾なこと』女高師校長語る」という記事が、『大阪毎日新聞（奈良版）』で報道された。この「赤の二女性」の一人が、本章で取り上げる長谷川テル（以下、テル）である。

当時、奈良女子高等師範学校（現・奈良女子大学。以下、女高師）の四年生であったテルは、八・三〇事件に連座して検挙された。

この八・三〇事件とはどんな事件だったのだろうか。当時、大恐慌の影響を受け奈良県でも欠食児童、身売り、夜逃げ、一家心中、嬰児殺し、強盗など社会不安が増大し、小作争議、労働争議が激化していた。そのなかで一九二九年に高田町で全国農民組合奈良県連創立大会が開かれ、三一年には、奈良合同労組が結成された。奈良県では翌三二年一一月に天皇を迎えての陸軍大演習が予定されてい

図1　長谷川テルの退学処分を記した『大阪毎日新聞（奈良版）』

赤の二女性
退學の處分
『誠に遺憾なこと』
女高師校長語る

母紙既報、奈良署に檢擧された女高師文科四年生東京府立第一高女出身小川るり(二二)同愛知縣立第一高女出身宮戸泰子(二三)―いづれも假名―はなほ數日同署に留置取調べをうけるはずであるが兩女はエスペラント語の研究からコップ系の地下運動に加はり寄宿舍の外出時間を利用して秘密會合に參加しこの休暇中も文書による運動を續けてゐたもので奈良の青年をもつて組織する女子指導班の觸手が金城鐵壁といはれた女高師への潜入に成功したものといはれてゐる、兩女は同日退學處分をうけたが右につき[illegible]校長は語る

まことに遺憾なことができまして恐縮してゐます、この學校は前から狙はれてゐるので十分注意し休暇前にも特別の思想講話を聞かせ父兄にもしばしく注意を促つて万全を期してゐたのですが、兩女の將來については早速父兄を呼んで相談し何とか明るい天地を開拓してやりたいとそれのみ心配してゐますが症狀は輕くとも傳染性のある病氣は隔離せねばなりません、ただ一度過ちをしたために一生社會から拭へぬ烙印を押されるといふ悲慘な結果にならぬやう社會の同情をお願ひしたく思ひます
この事件によつて生徒の寄宿舍生活を特別監視に取締るなどといふ考へはありません、新學期開始に當つて今日も生徒に從らに奮はる必要はない、正しく固く強く身を持てばよいと訓示したところです

寄宿舍から
證據物件
依然取調らる

一部既報、赤化容疑者として十一日奈良署に檢擧された奈良女高師校文科四年生宮戸泰子(二三)と小川るり(二二)―いづれも假名―の兩名は目下取調べ中の他の容疑者

たことから、奈良県警察は、労働組合員らの一斉検挙を決定し、八月三〇日午前四時、各警察署から約二〇〇人の警察官を動員した。その後九月になっても治安維持法違反による検挙はつづき、テルらもその渦に巻き込まれたのだった。検挙・取調べを受けた者は、二二二人におよび、うち七人が起訴となり有罪となった。

プロレタリア文学、エスペラントとの出会い

長谷川テル（中国名は緑川英子、エスペラント名は Verda Majo ヴェルダ・マーヨ）は、一九一二年三月七日に山梨県で生まれた。父親は転勤が多く、長谷川家は転居を繰り返したのち、東京に落ち着いた。一九二九年、東京府立第三高等女学校（現・都立駒場高校）を卒業したテルは親元を離れ、女高師に入学して教師を志していた。軍国主義化が進むなか、「婦徳の修養」を教える女高師の校風と厳しい監視に嫌気がさしていたテルは、同級生の長戸恭《やす》と般若寺の境内で「いっしょにやろう」と話し合い、行動を開始する。三二年四月三〇日のことであった。

まず長戸が、奈良合同労働組合（奈良合同労組）の事務所を訪れ、

実際の運動について勉強したいと伝えた。数日後、テルが連絡用に、宛名を自分で書いた封筒を合同労組の事務所に持っていった。男性の字だと舎監に怪しまれるからということだった。早速文学サークルの会合がもたれ、作家同盟の市井清一が、「プロレタリア文学について」という題で話した。テルと長戸は、女高師内にも文学サークルをつくったが、学校ではこうした活動は厳しく見張られていたという。その後、テルは、当時文人たちのサロンとなっていた志賀直哉の家の前で全国農民組合奈良県評議会書記長の藤本忠良や奈良合同労組の大山峻峰と落ち合い、草むらに腰を下ろして、プロレタリア作家、農民小説などの話をした。

テルは、さらに、女高師の学友たちとともに、エスペランチストの宮武正道の家で行われていた奈良エスペラント会の学習会に参加した。エスペラントとは、ザメンホフが、中立公平で学びやすい国際語として一八八七年に発表した言語案がもとになっている人工言語であり、エスペラントを話す人はエスペランチストと呼ばれ、世界中のエスペランチストどうしで文通したり、交流したりすることができた。テルは、エスペラントを熱心に勉強し、夏休みになって東京へ帰省したときも、姉ユキと一緒に、日本エスペラント学会の夏期講習に参加している。

ところが、夏休みが明けて九月になり、学校へ戻ったテルは、検挙されたため、退学せざるをえなくなった。おそらく、奈良合同労組に預けた封筒に書かれた住所氏名から嫌疑がかけられたのであろうが、教育者としてのテルの未来は絶たれてしまったのである。

エスペラントに夢中に

東京の実家へ戻ったテルは、エスペラント学会の手伝いをするようになる。当時のエスペラント学会には、さまざまな思想のエスペランチストが所属していた。そのなかで、日本プロレタリア・エスペランティスト同盟（PEU）が一九三一年に創設され、日本プロレタリア文化同盟（コップ）に加盟し、エスペラントを使ってプロレタリア革命を実現するプロエス運動をめざした。ところが、PEUメンバーは治安維持法違反で次々に検挙され、三四年には活動停止になった。しかし地方の活動家が、反ファシズム運動を支持し、エスペラントの向上に努めるという趣旨で、プロエス運動を引き継いだ。テルは、エスペラントの習得に努め、このようなエスペランチストたちと交流を深めた。また、上海のエスペラント誌『ラ・モンド』に寄稿したり、フランスで発行されていた『世界の子どもたち』日本特集号の編集をしたりと、エスペラントのグローバルなネットワークに積極的に入っていった。そして、中国東北出身のエスペランチスト劉仁《りゅうじん》と出会い、意気投合して、家族に内緒で国際結婚し、日本を離れることを決意する。このように、治安維持法違反容疑で捕まり、軍国主義が跋扈《ばっこ》する日本社会に幻滅したテルは、エスペラントを通じて、広い世界に目を向けていったのである。

（2）戦う中国で

上海にて

一九三七年四月、テルは上海に到着し、先に着いていた劉仁と合流した。テル夫妻は上海世界語者協会（上海エスペランチスト協会）に出入りしながら、フランス租界で暮らしていた。

ところが、まもなく盧溝橋事件が勃発し、上海も戦場になった。テルは、エスペラント誌『チニーオ・フルラス（中国怒吼）』に「愛と憎しみ」を寄稿し、上海での爆撃による死傷者の様子を、驚きと悲憤をもって伝えている。

こんな目にあわせるのはだれだ？日本か？

いや、ちがう。私はいそいで頭をふる。そして全身の憎しみをこめて答えるのだ。

日本帝国主義者どもだ！

テルは、たんに戦争反対と言っただけではない。侵略戦争を起こした日本社会の階級構造に踏み込んで日本社会内部の支配・被支配の関係を、世界の人びとに知らせている。そして、日本の人民は、支配階級に搾取され、戦争に動員される被害者ではあるけれど、中国人民に対する加害者でもある。

そして、治安維持法下で戦争反対が言えない日本社会ではあっても、日本の侵略戦争に沈黙していることは、侵略に同意していることになるとテルは考えた。日本人として、どう行動すべきか覚悟を決め、日本のエスペランチストに宛てたエスペラントの手紙を発表した。

お望みならば、私を売国奴と呼んでくださってもけっこうです。決しておそれません。他国を侵略するばかりか、罪のない難民の上にこの世の地獄を平然と作り出している人たちと同じ国民に属していることのほうを、私はより大きい恥としています。ほんとうの愛国心とは人類の進歩と対立するものでは決してありません。そうでなければ排外主義です。

（「中国の勝利は全アジアの明日へのカギである――日本のエスペランチストへの手紙」）

テルはこう断言し、侵略戦争を正当化するような日本社会にはびこる中国人差別を激しく非難した。

漢口（武漢）――日本語放送で反戦を呼びかける

戦火の上海から、テル夫妻は広州へと移動し、国際的な抗日宣伝を目的として結成された広東国際協会創設メンバーに名を連ねた。しかし、スパイ容疑で収監され、香港に追放されて、劉仁とともに香港の貧民街を転々とする。当時、武漢で抗日の仕事をしていた文筆家の鹿地亘《かじわたる》と池田幸子《ゆきこ》夫妻に、「祖国では白を白、黒を黒と主張する者を待ちかまえているものは、あのきびしい、暗い鉄窓と、死の脅威だけ」であるが、治安維持法のない中国では「どんなに困難がおいかぶそうとも、正義で通る国で、正しい路に沿って、まっしぐらの闘争をたたかう事ができる」のだと、熱烈な思いを込めた手紙を送り、抗日の仕事の紹介を頼んだ。テルは、こうして、武漢の国民党国際宣伝部宣伝処に日本語アナウンサーの職を得た。そして、日本の人びとは、ファシストに抑圧・搾取されて侵略戦争に駆り立てられているのだと語り、戦争に加担せず、ファシストと闘おうと力強くラジオで呼びかけた。

しかし、武漢は一九三八年一〇月末に日本軍に占領された。テルは、武漢からすでに脱出していたが、『都新聞』(現『東京新聞』)一九三八年一一月一日に、「嬌声売国奴の正体はこれ」と書き立てられ、実家の住所、父親の職業までもが晒された。父幸之助は、もし本当なら自決すると言わざるをえないところまで追い詰められた。

テルは、日本にいる家族にどのような思いを寄せていたのだろうか。それがわかる作品「なくなった二つのりんご」がある。テルは母からもらった健康を、赤いりんごのほっぺにたとえ、母への深い愛を伝えると同時に、娘が「赤いほっぺ」を損なった理由は戦争であり、数えきれないほどの人びとが傷つき殺害され悲しみ飢えていると記し、加害国としての責任をしっかり見つめてほしいと家族に求めた。自分の行動を理解してくれるはずだという家族への信頼感が現れている。

重慶――国境を越えた反ファシズム運動を提唱

春になって重慶を覆う冬の霧が晴れると、日本軍の無差別絨毯《じゅうたん》爆撃は激化し、重慶は焼き尽くされた。重慶に移り住んでいたテルは、エスペラント誌『ヘロルド・デ・チニーオ（中国報導）』に「五月の首都」を寄稿し、惨状を伝えるとともに、抗日の意気盛んな重慶の人びとへの強い共感を世界へ伝えた。

またテルは、一九四〇年の重慶の国際女性デーに集った一万人以上の観衆の前で、日本軍は中国女性を蹂躙するだけではなく、日本女性も抑圧して散々な目にあわせている。日本ファシストは女性の敵であるから、日中の女性の連帯で倒そうと演説し、拍手喝采《かっさい》を浴びている。テルは、重慶で暮らした六年半の間に、結核を患いながらも、石川達三の『生きてゐる兵隊』のエスペラント訳や、自伝的作品『戦う中国で』など、多くのエスペラントと中国語の作品を精力的に発表している。また四一年には長男劉星《りゅうせい》を出産した。

そして「終戦」まもない一九四五年九月七日、テルは「岐路に立つ日本」を執筆し、日本の上層部が、太平洋戦争だけに言及し日中戦争の失敗をまったく認めていないと指摘し、永遠の平和のため、戦争を遂行したファシズムを地球上から影も形もなく葬り去らなければならないと述べた。

中国では国共内戦がはじまると、テル一家は東北へ向かった。一九四六年、瀋陽で、娘の劉暁嵐（長谷川暁子）が誕生する。テルと劉仁は佳木斯《ジャムス》で研究職を得たものの、第三子を懐妊したテルは、堕胎手術の失敗で四七年一月、三四歳で夭折した。最愛の妻の突然の死にショックを受けた劉仁も持病が悪化し、同年四月にあとを追うように亡くなった。

女高師で学び教師をめざしていたテルは、治安維持法で検挙され、あっけなくその夢をつぶされた。

その体験は、テルの心を深く傷つけた一方、エスペラントを通して世界に目を向ける契機になった。中国に渡り、正義を希求する熱情で、ペンや放送による反戦運動に身を投じたのである。

（西田　千津）

（3）長谷川テル顕彰の今日的意義

「戦後」半世紀を超え大きく進む顕彰事業

「奈良・長谷川テル顕彰の会」（以下、顕彰の会）は、二〇一七年五月二六日、「治安維持法犠牲者・長谷川テル顕彰会（仮称）の奈良県準備会」として発足し、一八年六月九日、結成総会をおこない現行の名称に改称した。会の目的を、「奈良女子高等師範学校に学び、一九三二年九月、治安維持法によって検挙され、同校を退学させられたが、エスペランチストとして抗日反戦を訴え続けた長谷川テルの事績を調査・研究・顕彰し、市民レベルの日中友好・親善事業を推進する。また、世界のエスペランチストとの交流をすすめる」と謳っている。主な事業として、①資料の収集・調査・研究を進める。②般若寺境内の「長谷川テル訪問記念の碑」を国内外に広報し、訪問を呼びかける。③中国や国内の長谷川テルの足跡をたどる旅を企画・実行する。④学習会、映画上映会、合唱曲の発表会、書籍の編纂・刊行などを行う。⑤全国各地の顕彰活動と共同することなどを掲げている。

顕彰の会は、二〇二三年四月三〇日に、テルの長女・長谷川暁子ら一五〇人の参加を得て、奈良の名刹般若寺境内で「長谷川テル訪問記念の碑」（以下、「碑」）除幕式を挙行した。全国から集まった五〇〇人近い人びとの募金によって建立された「碑」は、彫刻家坂口紀代美（奈良女子大卒業）が製作し、「山吹燃ゆる」と命名された。碑文は、書家井口湖山により、「一九三二年四月三〇日、学友と般若寺境内を訪問し、抑圧的・閉塞的な社会のありようと闘おうと誓いあった。奈良・長谷川テル顕彰の会」と揮毫された。それは、一九三二年四月三〇日、テルが学友長戸恭と般若寺を訪ね、「私たちはいっしょにやろう」と誓い合った長戸の思い出による。日本語の説明文のほかに、中国語（長谷川暁子訳）、エスペラント（奈良女子大卒業・土居智江子訳）の説明文も設置した。除幕式には、世界エスペラント協会元会長レナート・コルセッティから、「世界のエスペランチストはヴェルダ・マーヨの中にエスペラント運動の最も美しい価値の具現化を見ます。即ち、平和や人民間の友情や相互理解に全力を尽くすことです」とメッセージが寄せられ、重慶のエスペランチストが「碑」を訪問するなど、国際的に関心が広がった。その後、多くの人びとが「碑」を訪問している。

図2　長谷川テル訪問記念の碑

出典：筆者撮影。

さらに、中国黒竜江省佳木斯市のテル・劉仁夫妻の碑に、さまざまなグループが墓参し、テルを題材とした演劇の上演など、テルの顕彰事業を通じて交流が広がり、活動の普及について新しいアイデアが寄せられている。

長谷川テルの活動をアジアのなかでとらえ直す

テルが、侵略戦争（加害）に反対し、日本人として中国で抵抗運動に加わったことは、日中不再戦運動に大きな励ましとなっている。エスペランチストとして抗日反戦を訴えつづけた長谷川テルを顕彰し、長谷川テルの思想を学び今に生かし語り継ぎ、市民レベルの真の日中友好・親善を推進することは、日中不再戦の誓いを固め、北東アジアの平和の確立の運動に貢献すると確信する。

テルは、青春時代を奈良で過ごし、奈良における治安維持法犠牲者の一人である。テルの顕彰事業は、ふたたび戦争をおこなわない証として、治安維持法犠牲者への国家による謝罪と賠償を求める闘いの重要な一環でもある。顕彰の会は、今後も奈良から、グローバルな視点で平和への呼びかけを発信していく。

（田辺　実）

参考文献
大島義夫・宮本正男『反体制エスペラント運動史　新版』三省堂、一九八七年
鹿地亘資料調査刊行会編『日本人民反戦同盟資料』第三巻　不二出版、一九九四年
柴田巌「長谷川テルの『遺言』」『月刊状況と主体』二五九号、一九九七年
利根光一『増補版　テルの生涯』要文社、一九八〇年
奈良県警察史編集委員会編『奈良県警察史昭和編』一九七八年
宮本正男編『長谷川テル作品集』亜紀書房、一九七九年

コラム 3

戦争末期の庶民の言辞から日本社会を見る

丸浜　昭

ジャーナリスト松浦総三が『特高月報』に載る戦時下の庶民の言辞をアメリカで入手し、書籍化した。そのなかから、一九四三年分のいくつかを引用する。

A　東条大将もういい加減にして戦争をやめろ、国民の苦しみを知らぬかお前達は何の不足もあるまいから……。我が国民はもうこれ以上は忍ばれない、今に内乱が起きるから見てゐろ……

B　何の為に〔以下同文を――とする〕兵隊に行くのか／――教育が必要なのか／――大学があり政府があるか／そして天皇があるか／――一つの地球に住んでいながら争うのか／――生きているのか

C　戦争破カイ主義軍人共を日本から叩き出せ

D　戦争は厭《いや》だ

これらはどこで発見され『特高月報』に収録されたのか。Aは東条英機に送られた投書、Bは京都駅で不審尋問を受けた者が所持していた日記だ。そしてCは東京日本橋区呉服橋や兜町など複数の共同便所、Dは北海道八雲駅構内公衆便所の落書きだ。便所の落書きは『特高月報』にけっこう載っている。犯人を捕まえるのは難しいだろうが、Cでは被疑者が検挙されている。便所の落書きも意図的に集められたのだろう。この時期に特高は、そうまでして人びとの言辞を監視していた。

では、摘発の根拠とされた法は何だったのか。戦争体制は治安維持法だけでは支えられず、社会のさまざまな分野に法が張りめぐらされていた。とくに一九四一年一二月に施行の「言論出版集会結社等臨時取締法」には流言蜚語の取締りが規定され、人びとの言動・生活に深くかかわったという〔荻野『よみがえる戦時体制』)。

一九四三年には、悲惨な被害を生んだガダルカナルからの撤退を「転進」と言い換え、四四年にはB29による本土空襲も可能とされた。この時期には、日本は戦争でアメリカに勝つ見込みを失っていった。歴史研究者は一九四四年夏頃からを「絶望的抗戦期」と表現し、増大する戦死者の半数以上が餓死・病死であったことを明らかにしている。それでも戦争指導部は戦争を継続した。

一九四五年にいたるなかで、空襲への恐怖と戦局や軍部批判、食糧の不足等への関心が高まった。支配層への不信とくに「不敬」言辞が増大し、総じて「戦意の低下」が著しかった。次のEは四四年六月に大阪駅中央公衆便所内で発見された。Fは一一月に当局に通報されていた、大阪の会社社長らと社員の雑談のなかでのものだ。

E　大東亜戦争は我れらの戦争では無い／我れらは米英の味方だ　一半島壮年
F　日本は近い中負けるに決まって居るから昭和二十年はありゃせん

戦争指導部は、こうした庶民の状況を深刻に認識していた。七月の「沖縄島失陥に伴う民心の動向」(警保局保安課『思想旬報』号外、『特高警察関係資料集成』第三八巻)は、次のように記していた(荻野、前掲書)。

沖縄島失陥に伴う民心の動向は極めて顕著なる敗戦感一色に塗りつぶされ……之に起因する厭戦、反戦、自棄的無気魄《むきはく》状態の推移は極めて警戒を要するものあると共に、空襲激化、生活逼迫(食糧不足、インフレ激化に伴う)に伴う戦争疲労感の擡頭と相俟《あいま》って、敗北主義的機運の滲透《しんとう》を懸念さるるものあり、他面に於て戦局不信の責任を糾

コラム3

弾する反軍、反官、反政府思想の深刻化、一般化ある等、今後に於ける民心の推移は極めて注意を要するものと認めらる。

支配層はこのような認識で国民を監視し、犠牲を強いながら戦争を継続してきた。そして戦前の社会では、こうした人びとの厭戦、反戦などの思いが、直接支配層を批判して戦争終結へと日本を動かすことはできなかった。

「玉音放送」が流される少し前の八月一一日には、次のような内容を含む暗号電報が内務省の幹部から各警察部長宛に送られていた(『資料　日本現代史2』大月書店、二〇〇八年)。

所謂《いわゆる》戦争責任者に関する論議その他軍官民離間の言動は……国内の結束を乱す虞《おそれ》あるを以て、これが抑圧に格別の努力を致すと共に今回の事態を招来せる責任者は〝軍官民共に担うべき者〟にして、全国民相結束してこれが収拾に当たらざるに於いては……皇国の前途を危殆に瀕せしむるものなる……。国民に動揺を来さしむるが如き流言に対しては早期に徹底的防遏《ぼうあつ》を講ずること。

この背景には、戦争を終えても国体を維持し、治安維持法や特高警察は継続させるという日本の支配層の考えがあった。そのとおりには進まなかったが、こうして敗戦を迎えたことは、その後の日本社会にどういう影響を与えていったのだろうか。

参考文献

明石博隆・松浦総三編『昭和特高弾圧史5——庶民に対する弾圧　全』太平出版社、一九七六年
荻野富士夫『よみがえる戦時体制——治安体制の歴史と現在』集英社新書、二〇一八年

第3章　治安維持法は今も生きている

1　戦後、治安維持法体制の断絶と連続

関原　正裕

（1）治安維持法を廃止させた「人権指令」

治安維持法廃止の直接のきっかけは著名な哲学者三木清の獄死であった。三木は、治安維持法違反で拘留中に逃亡した人物をかくまったかどで逮捕され、豊多摩刑務所に収監されていたが、疥癬《かいせん》に腎臓病を併発し、栄養失調もともない敗戦後の一九四五年九月二六日に死亡した。四八歳であった。

このことをきっかけに、外国人記者の間で政治犯の釈放問題が注目されていたが、一九四五年一〇月三日、山崎巌内相はロイター通信特派員の質問に答えて「天皇制廃止を主張するものはすべて共産主義者と考え、治安維持法によって逮捕される」と述べ、国体の変革を求める思想はあくまでも処罰すると言明していた。ポツダム宣言受諾の唯一の「条件」としていた「国体護持」にしがみつき、「民主化」とは何かをまったく理解していない政府の旧態依然たる姿を示していた。

一方、アメリカ本国では、敗戦後の占領下でありながらいまだに政治犯が獄につながれているのはなぜだとの批判の声があがり、政治犯釈放の世論が高まっていた。こうしたなかで、GHQは一〇月四日夕刻「政治的、公民的及び宗教的自由に対する制限の除去に関する司令部覚書」（「人権指令」）を

発した。その内容は、第一に、思想、宗教、集会および言論の自由を制限する法律等の撤廃であった。しかもこのなかに「天皇、国体及び日本帝国政府に関する無制限なる討議を含む」とわざわざ明記していた。第二は、政治犯の釈放である、第三は、「秘密警察機関」＝特高警察機構の廃止および内相・警察幹部らの罷免であった。撤廃すべき法律として治安維持法、思想犯保護観察法、国防保安法などが明記され、これらを支えてきた特高警察官僚たちが罷免された。この結果、治安維持法と特高警察は基本的に廃止された。翌五日こうした事態に対応できなかった東久邇内閣は総辞職し、九日に幣原喜重郎内閣へと変わった。

一〇月一〇日までに監獄に拘禁中の四三九人、保護観察中の二〇二六人、合わせて二四六五人の政治犯が釈放、解放された。一〇日に府中刑務所で徳田球一、志賀義雄、朝鮮人の金天海らの共産主義者を約七〇〇人が出迎えた。天皇制批判の自由が認められ、数日前までは天皇制に反対する「非国民」「犯罪者」であった共産主義者たちが、公然と活動を開始したのである。日本共産党は一一月には主権在民を柱とする「新憲法の骨子」を発表し、一二月には第四回大会を開催して党を正式に再建した。こうしたことの人びとに与えた心理的な影響は少なくなかった。以後、労働運動、農民運動が急速に活性化していくのだった。

「人権指令」は旧態依然たる日本政府にとっては衝撃的なものだったが、ポツダム宣言第一〇項には「日本国政府は日本国国民の間に於ける民主主義的傾向の復活強化に対する一切の障礙《しょうがい》を除去すべし　言論、宗教及び思想の自由並びに基本的人権の尊重は確立せらるべし」とあり、九月二二日に公表されたアメリカの「降伏後に於ける米国の初期の対日方針」のなかにも同様のことがすでに指示されていた。ポツダム宣言受諾によって起こるべくして起こった事態だったといえよう。

(2) 治安体制の再構築

治安維持法と特高警察が廃止になったとはいえ、日本政府は治安体制自体まで放棄するつもりは毛頭なかった。「人権指令」の抜け道を探し、不誠実な対応をとることで治安体制の再構築を画策していく。特高警察関係者の罷免の範囲を縮小し、司法省関係者の罷免についても限定的なものにし、「公安警察」や内務省調査局(のちの法務府特別審査局さらに公安調査庁となる)の設置など新たな治安体制づくりにも動き出した。

「人権指令」から一五日後の一〇月一九日の閣議で「大衆運動の取締に関する件」が決定された。内容は「終戦後共産主義者、朝鮮人、華人労働者等の集会、大衆的示威運動等」が「常軌を逸脱し、不法行為に出て安寧秩序を擾乱」した事例が二、三にとどまらないので「取締を励行」し「安寧秩序の維持に完璧を期す」必要があるというものだった(荻野富士夫『治安維持法の歴史II　治安維持法――その成立と「改正」史』六花出版、二〇二二年)。政府は、政治犯釈放から一〇日も経たないうちに、彼らの行動を取り締まるという方針を確認していたのである。

一〇月一〇日に府中刑務所に出迎えに行った人びとの大半は朝鮮人であった。政府は共産主義者だけでなく、在日朝鮮人も治安管理の対象として重視していた。一二月一七日、衆議院議員選挙法が改正公布され、女性に参政権が保障されたことで注目されるが、このとき内地戸籍をもたない在日朝鮮人の選挙権が剝奪された。戦前、内地に居住する朝鮮人・台湾人には「帝国臣民」として国政・地方の参政権が与えられていたが、これが剝奪されたのである。一九四七年五月、日本国憲法施行の直前には外国人登録令が制定され「日本国民」であった在日朝鮮人を当分の間「外国人」とみなし、強制退去を含む外国人管理のもとへおいた。これは明らかに前述の閣議決定にもとづく在日朝鮮人に対する治安対策であった。

(3) 占領政策の転換と団体等規正令

中国大陸では一九四八年一〇月、国民党軍が東北地区からの撤退を開始し、四九年に入ると人民解放軍によって北京、南京、上海が次々と解放され、中国共産党側の優勢は確実な情勢であった。また、東南アジアにおいても四九年末にはベトナム民主共和国軍がフランスに対して軍事的攻勢に転じ、フィリピンでも独立後に反政府勢力が大攻勢を開始、インドネシアはオランダとの武力闘争の末、この年に独立を達成している。

アメリカを盟主とする西側陣営による東アジア支配体制は間違いなく動揺していた。その体制を再構築し、日本を東アジアにおける反共体制の安定した要石とするため、アメリカは占領政策を民主化・非軍事化から経済復興へと転換する。そのためには、日本共産党や在日朝鮮人の活動を抑え込む必要があった。

解放後の朝鮮半島では、北緯三八度線以南はアメリカの軍政のもとで保守派や「親日派」といわれた植民地時代の対日協力者などをそのまま利用して国家建設が進められた。米軍政は一九四八年五月に南だけで選挙を実施し国家樹立を進めたが、この単独選挙は南北分断を固定化するとして、四月三日に済州島で武装闘争がはじまっていた（四・三事件）。ちょうどこのとき、済州島出身者の在日朝鮮人が多数を占める阪神地域で、GHQと文部省による民族教育をおこなう朝鮮学校の閉鎖に反対する大闘争が展開されていた。GHQは済州島の闘いと阪神地域の在日朝鮮人の闘争が連携するのではないかとの危機感から、神戸に「非常事態宣言」を出して徹底して弾圧した。そして、政府は翌四九年九月、後述する団体等規正令によって「在日本朝鮮人連盟」を解散させた。

アメリカが国家意思として占領政策の転換を確定したのは一九四八年一〇月の「合衆国の対日政策に関する国家安全保障会議の勧告」（NSC13／2）であった。「ポツダム宣言に示された降伏条件が実質的に履行を終った」とし「合衆国の今後の最大目標は日本の経済復興」であるとしたのである。アメリカは経済安定九原則とドッヂ・ラインと呼ばれた緊縮財政を日本政府に要求し、これを受けて四九年一月に発足した第三次吉田内閣は「行政整理」と民間企業の「企業整理」を打ち出す。なかでも国と地方の行政機関の四二万人以上の人員整理計画、とりわけ国鉄の一二万四一三人の整理に対しては労働者の強力な抵抗が待ちかまえていた。

官公庁の労働組合運動とその活動の核となっていた日本共産党員や戦闘的な労働者を排除するために一九四九年四月に政府が公布したのが団体等規正令（以下、団規令）だった。その目的には「暴力主義的及び反民主主義的な団体の結成」や「行為を禁止する」との条文があり、共産党を「反民主主義的な団体」と決めつけて取締りの対象とした。そして団規令にもとづいて排除すべき人物のリストをつくるなど、運用の中心を担ったのが法務府特別審査局で、のちの公安調査庁であった。

当時の首相吉田茂は「総司令部が公然と共産党そのものを対象とする取締立法に踏み出したのは、昭和二十四年二月、私の第三次内閣成立早々の指令であった」（吉田茂『回想十年2』中公文庫、一九九八年）と書いている。団規令はGHQの指令にもとづく共産党弾圧のための法規だったのである。アメリカは占領政策の転換によって、三年半前に指示した「人権指令」とは真逆の指令を出し、吉田内閣とともに日本共産党と労働運動に対する弾圧を本格化したのである。

（4）レッド・パージ

ドッヂ・ラインにもとづく一九四九年の「行政整理」について吉田首相は次のように書いている。「総司令部の示唆に従って、官庁業務の正常な運営を害する虞《おそ》れのあるものとして、赤色分子を併せて解雇する方針を立てた。そして各官庁を督励して、該当者を一斉に調べさせ、その年の七月から九月に亘って、他の通常の被整理者と併せて、これらの分子を整理させた」（吉田、前掲書）というのだ。つまり、整理解雇にあわせて日本共産党員および同調する組合活動家の首を切り、一気に労働側を弾圧するというGHQの作戦だったのである。また、公務員だけでなく民間企業においても労働者の大量解雇が強行され、同様に共産党員らが排除されていった。共産党とその同調者とみなした活動家を、職場から強制的に解雇・排除したレッド・パージは、四九年の「行政整理」「企業整備」から開始されたのである。

同年九月には文部省は全国教育長会議を招集し、GHQの指示にもとづき教員のレッド・パージをはじめた。各都道府県は一定の「不適格基準」をつくり、それを恣意的に運用して不適格とみなして「辞職勧告」を出し、処分するというかたちで一一一三人を超える小・中・高教員を学校から排除したのである。また七月から翌五〇年五月までの間、GHQ民間情報教育局の高等教育顧問のイールズは、全国三〇の大学で共産党員とその同調者の教授は大学から追放すべきであるとする反共演説をしてまわった。東北大学では学生のヤジと怒号で事実上イールズの演説を中止に追い込むなど、いくつかの大学で反イールズの闘いが高まった。しかし、教授や大学職員に対する辞職勧告がおこなわれた大学も少なくなかった。

マッカーサーは一九五〇年一月一日の年頭メッセージで、共産主義勢力を意図して「略奪をこととする国際的な盗賊団が今日のように強欲と強力で、人間の自由を破壊」しようとしている、と強烈な反共意識をあらわにし、五月三日憲法記念日には、公然と日本共産党を非難し、非合法化を示唆する演説をおこなった。実際に六月六日、マッカーサーは日本共産党中央委員二四人（国会議員七人を含む）の公職追放を指令し、翌日には『アカハタ』編集局員一七人の追放を指令した。六月二五日に朝鮮戦争が開始されると、マッカーサーは翌日に『アカハタ』の発行停止を命じた。朝鮮戦争開始の前後、レッド・パージは直接日本共産党本部に襲いかかってきたのだ。

そして七月八日、マッカーサーは警察予備隊七万五〇〇〇人の創設を命じ、武器・弾薬はすべて米軍が貸与した。事実上の再軍備のはじまりだった。

さらに七月二八日には、ＮＨＫ、読売、朝日、毎日、日本経済などマスコミ界で共産党員および同調者など三三六人が解雇された。その後、映画界、電力産業、私鉄などの民間産業部門でもレッド・パージはつづいた。

『東京新聞』1950年7月16日

昭和25年7月16日　日曜日

徳田氏ら九氏を告発

きょうにも逮捕状

潜伏居所追及に全力

日共、更に36名除名?

麻布会談の砂間、原田両氏ら

左の記事は法務府特別審査局が団規令にもとづく出頭要請に応じない日本共産党幹部に対する逮捕状を請求し、潜伏先の追及に全力をあげているという内容である。戦前の治安維持法による検挙者を報道する記事とそっくりである。

日本を東アジアにおける反共陣営の要石にするため、アメリカと日本政府はその障害となる日本国内の政治勢力である日本共産党とその同調者を徹底して排除、弾圧した。被追放者総数は平田哲男によれば二万七三〇〇人を上回っているという。レッド・パージは正当な根拠もなく職場から労働者を排除し、その人の人生を奈落の底に陥れた、権力による重大な人権侵害である。しかし、治安維持法もそうであるが、レッド・パージ被害者に対する名誉回復も賠償もほとんどおこなわれていない。

サンフランシスコ講和条約が発効し、日本からGHQがいなくなると、政府はあらためて自前で治安体制の強化に乗り出す。団規令を継承・拡大した法令として破壊活動防止法を労働団体などの反対を押し切って一九五二年七月に成立させた。また、これを支える公安調査庁を設置した。

(5) 治安維持法から国家保安法への継承

日本の植民地であった朝鮮でも治安維持法は施行されていたが、これがどのように廃止されていったのかについて簡単にふれておく。

まず、日本の敗戦が知らされた八月一五日以降、次々と監獄から政治犯らが釈放され、その総人数は五〇〇〇人前後だったという。この段階で治安維持法は実質的に機能していなかったのだが、九月二一日には米軍政当局は治安維持法の廃止を指示した。日本国内の「人権指令」よりも二週間ほど早かった。

日本の敗戦後、朝鮮は北緯三八度線以北はソ連軍、以南は米軍により分割占領されることとなった。北は共産党や左翼・進歩派による親ソ的な国家建設が準備され、南では前述のとおり米軍政のもとで「親日派」を利用して国家建設が進められた。とりわけ警察幹部の八二%は植民地時代の警察出身者、つまり独立運動を弾圧していた朝鮮人だった。アメリカはソ連に対抗して、戦後の早い段階から南を反共国家に作り上げていくことをねらっていたのだ。

一九四七年に米ソ共同委員会が決裂し、翌四八年八月に大韓民国、九月に朝鮮民主主義人民共和国が樹立された。前述のように済州島で南だけの単独選挙に反対する武装闘争が開始され、一〇月には済州島へ鎮圧に向かった韓国の軍隊が麗水・順天地域で反乱を起こした（麗順《ヨスン》事件）。韓国の李承晩政権はこの事件に衝撃を受け、同月に国家保安法を制定した。この法律は、共産主義思想をもつこと自体を犯罪と見なす徹底した反共主義にもとづくもので、これによって李承晩政権は左翼・進歩派や反政府勢力を弾圧していった。アメリカの支援のもとで、植民地時代の治安維持法を継承したといわれるこの国家保安法は、植民地警察出身者によって運用されていったのだった。

日本でも朝鮮半島でも、日本の敗戦によって治安維持法は基本的に廃止された。しかし、戦後のソ連・中国など社会主義勢力の台頭に対抗して、東アジアにおける反共体制の構築を急ぐアメリカの戦略のもとで、治安維持法と同種の弾圧体制がふたたびつくられたのだった。

参考文献
荻野富士夫『治安維持法の歴史Ⅳ　朝鮮の治安維持法――運用の通史』六花出版、二〇二二年
平田哲男『レッド・パージの史的究明』新日本出版社、二〇〇二年
明神勲『戦後史の汚点　レッド・パージ――GHQの指示という「神話」を検証する』大月書店、二〇一三年

2 権力犯罪を告発した「横浜事件」再審と国家賠償請求

山本　志都

（1）「権力犯罪」たる横浜事件

横浜事件とは

いわゆる「横浜事件」とは、第二次世界大戦下の一九四二年から四五年にかけて、細川嘉六や彼と親しかった中央公論社や改造社の若い編集者たち、さらに「満鉄調査部」や「昭和塾」のメンバーなど六〇余人が検挙・投獄され、凄惨な拷問によって虚構の事実を「自白」させられ、「治安維持法違反」として有罪判決を受けるにいたったという言論弾圧事件である。弾圧の中心となった神奈川県特高課の刑事たちは、「共産党再建準備会を企てた」「共産主義的思想の啓蒙宣伝をおこなった」などのでっち上げをおこない、被弾圧者たちは長期間にわたり戦時の横浜刑務所で勾留された。拷問や劣悪な環境下の長期収容によって、四人が獄中で、一人が出獄直後に亡くなった。

すでに八〇年を超える時間が流れた。そもそもの治安維持法違反判決、特高警察官を告発した刑事事件、再審開始決定と免訴判決、その後の刑事補償判決、国家賠償請求の民事判決、と裁判が重ねられてきた。私は、最後の国家賠償請求事件からのかかわりであるが、蓄積された記録に目を通すなかで、先輩たちがこの事件にそそいできた思いを痛切に感じてきた。

被弾圧者たちの反撃

横浜地裁は、敗戦時いまだ判決を受けていなかった被弾圧者に対し、一九四五年八月下旬から九月上旬にかけて、有罪判決（懲役二年、執行猶予三年）を言い渡して即時釈放した。

被弾圧者たちは、同年一一月には三三人が結束し、横浜刑務所の場所にちなんだ「笹下会」を立ち上げ、特高刑事二八人を特別公務員暴行陵虐罪で共同告発した。横浜地検はこのうち三人の刑事を横浜地裁に起訴し、懲役一年ないし一年六月の実刑判決が一九五二年四月、最高裁で確定した。だが、彼らは、同月二七日に成立した対日講和条約の締結を理由とした恩赦を受け、不当にも、刑務所に収監されることはなかった。

困難をきわめた再審請求への途

中央公論社の若手編集者として検挙された木村亨《とおる》は、拷問による思想弾圧を告発する闘いを呼びかけ、再審をおこなおうとした。しかし、再審請求そのものの困難さに加え、訴訟記録が存在しないという事情もあり、引き受ける弁護士はなかなか見つからなかった。一九八五年にいたり森川金寿弁護士にめぐりあい、そこから再審請求審の準備が本格的にはじまった。

「なぜ俺が再審請求の決心をしたか、その理由を一言で言えば『旧国家（旧日本の国家）に対して貸しがあるから取り立てるまでだ』という一言につきると思う。……あんな無茶苦茶をそのまま『ああそうですか』で黙過するわけにはいかん。これは明らかに俺の人権に対する蹂りん問題であり、戦後いまだに認められていない人権の復権闘争にほかならない。これほど明確な国家犯罪はあるまい」。再審請求直前の木村亨の言葉だ。

一九八六年七月、木村亨ら六人の生存被弾圧者と三人の物故者承継人が横浜地裁に再審請求の申立てをおこなった。「判決原本が検察庁から提出されなければ、言い渡した裁判所があらためて判決を作成すべき職責がある」と主張した。

（2）再審請求・再審の闘いの経緯

第一次・第二次再審請求

横浜地裁は、一九八八年三月、「本件再審請求審には原判決謄本の添付がなく、原判決の原本及び訴訟記録も存在しないため、原判決が認定した犯罪事実が不明である」という理由で、再審開始請求を棄却した（事件記録が故意に焼却処分されたのであろうことまでは認めたものの、それが誰のどのような意図のもとにおこなわれたかについては言及しなかった）。そして、請求人らの即時抗告、特別抗告も棄却された。

判決文が残存していた小野康人の承継人は、一九九四年七月に独自に第二次請求をおこなったが、これについても翌年七月に横浜地裁で棄却、即時抗告、特別抗告も棄却となった。

第三次再審請求

その後、戦前検察官を務め、戦後に弁護士を経て裁判官も経験した環直彌弁護士が中心となり、捜査記録をもとに判決書の再現作業をおこなった。そして、一九九八年八月、生存被弾圧者三人と物故者五人の承継人によって第三次再審請求が申し立てられた。木村はちょうど一か月前に他界し、提出に立ち会うことはできなかった。

二〇〇三年四月、横浜地裁は、確定判決にはポツダム宣言の受諾によって無効となっていた治安維持法を適用した違法があるとして再審の開始を認めた（この再審開始決定が出る前に、被弾圧者請求人はすべて亡くなった）。

検察官が即時抗告したが、東京高裁は、二〇〇五年三月、再現判決書の信用性を認めたうえで、確定判決には拷問によって得られた自白を証拠とした違法があることを認定して、抗告を棄却した（「再審開始」という横浜地裁の判断維持）。この決定は、①特別公務員暴行陵虐事件の確定有罪判決で認められたような拷問は例外的なものではなかった、②治安維持法が定める主観的要件に関する虚偽自白の獲得のために拷問がおこなわれた、③自白が有罪認定の唯一の証拠であり、その信用性に顕著な疑いがあるとすれば有罪判決の基礎が揺らぐ、という内容だった。検察官は特別抗告をおこなわず、確定した。

再審裁判

開始された再審裁判で、横浜地裁は、二〇〇六年二月、事実認定をおこなわずに形式裁判である免訴判決を下した。確定有罪判決後の同年一〇月一五日に治安維持法が廃止されたことが主要な理由とされた。そして、東京高裁は、「免訴の判決に対しては上訴の利益がないからそもそも控訴が認められない」という形式論に立って請求人らの控訴を棄却し、最高裁もこれを追認した（二〇〇八年三月確定）。再審というステージで、裁判所は、裁判の打切り宣言にすぎない免訴を言い渡し「事実認定の誤りを正す」ことを回避したのだった。

真相解明と名誉回復を求めて再審開始にようやくこぎ着けたにもかかわらず、請求人の目標は達せられなかった。裁判所は、自分たちが治安維持法を使った弾圧体制を支えてきたこと、内容についての審理をおこなわないまま検察官の主張どおりのワンパターンの判決を言い渡したこと、訴訟記録を焼却し事後的な検証を不可能にしたことなど、司法が犯した罪を検証する機会から逃げた。

刑事補償裁判

二〇〇九年五月、無罪判決を経て、刑事補償請求をおこなったところ、翌年二月の決定では「裁判所が実体判決をすれば、元被告人全員の無罪は明らかであった」と指摘され、「有罪判決は、特高警察による暴力的な捜査からはじまり、司法関係者による事件の追認によって完結したものと評価することもできるのであって、警察、検察及び裁判の各機関の関係者の故意・過失等は、総じて見ると重大である」という当局の責任について一定の言及があった。

(3) 国家責任追及の訴訟

国家賠償請求提訴

元被告人の遺族らのなかには、長い経過の末得られたのが無罪判決ではなかったことにとうてい納得できない人たちがいた。二〇一二年一二月、木村の妻木村まきと平舘利雄の長女平舘道子は、司法の戦争責任を追及するために、国家賠償責任訴訟を提起した。特高警察による検挙およびその後の苛烈な拷問などの違法な取調べ、検察官による起訴、予審判事による公判に付す旨の決定、治安維持法違反による有罪判決、訴訟記録の焼却、その後の記録不備を理由とした再審請求棄却、名誉回復なき免訴判決など、警察および司法関係者の各行為により、二人の被弾圧者およびその遺族に対して与えた損害について、賠償を求めるという内容である。

訴訟の経過

被告国は、訴訟の入口にあたる形式論で争い、戦前は国家の行為については責任を問う規定がなかった（国家無答責の法理）、すでに免訴判決が下されている、長期間経過したことによって権利が消滅した（消滅時効の完成・除斥期間の経過）、という主張を展開した。

原告側は、国のそれぞれの主張について、岡田正則早稲田大学教授、新屋達之国際基督教大学講師（当時）などの専門家の意見もふまえながら、反論をおこなった。また、治安維持法の運用や弾圧の実態、果たした機能、横浜事件の全体像については、荻野富士夫小樽商科大学教授（当時）から貴重な資料の提供を受け、証言もしていただいた。

裁判記録の焼却

再審弁護団は、法務省への開示請求やアメリカ政府への照会などをおこなったが、裁判記録は見つからず、第一次再審請求時、裁判所が調査をしても八人分の判決が発見されただけだった。国賠訴訟で、国は「認否の限りではない」と述べ、当事者照会という手続きでも「現時点において、原本が焼却されたか否かについては確認ができない」とするだけで、調査の方法・対象・結果すら明らかにしなかった。

ポツダム宣言は戦争犯罪人処罰を明示していたため、宣言受諾前に閣議決定で公文書の焼却方針が定められ、各省に指令が出された。内務省官僚が特別なパスをもらって全国を飛びまわり、口頭で焼却の指揮をおこなった。横浜では「八月一五日までに、なんでもかんでも処理しなくちゃならない、……市長以下、市の幹部は全部捕まって処刑されるという前提ですから、証拠となるものは全部焼いちまった」（当時の市職員）という状況だった（米軍先遣隊は一九四五年八月二八日厚木飛行場に入り、三〇日にはマッカーサーが横浜入りした。横浜地裁は一二月から一九五〇年四月まで接収され、国内のB・C級戦犯の裁判の多くが開かれた）。敗戦当時の「思想検事」も、治安維持法違反の事件に関する証拠が焼かれたことについて認めている。また治安維持法を担当した弁護士にも「記録を焼却するように」との指示があったことを証言している。

一方で、敗戦前からの治安体制が残存するなかで、横浜事件の元被告人らは形式的に予審・公判に付され、有罪判決を受けた。

結局、横浜地裁は、ポツダム宣言受諾（一四日）後、米軍が上陸（二八日）するまでの間に、拙速・粗雑な手続きで横浜事件を「処理」したうえでその記録を焼却したのである。裁判所は、横浜事件の被告人たちを裁くことが戦争犯罪となりうることを理解していた。弁護人であった海野普吉弁護士によると、八並達雄裁判長は二八日に「即日言渡しをするから任せてほしい」と伝えてきたという。つまり、裁判官をはじめとする司法は、判決→被告人の釈放→訴訟記録の焼却によって、司法の戦争犯罪の隠蔽をもくろみ、粛々と実行した。そして、それが奏功したがゆえに、被弾圧者たちは戦後、正義の回復のために大変な苦闘を強いられることになったのである。

戦争責任が検証されることがないまま、戦前と戦後の司法は連続した。裁判官に公職追放された者はおらず、公職追放の対象となった思想検事は一九五一年には追放解除となり、後日最高裁判事や検事総長、公安調査庁長官などに就任し、権力の中枢に座りつづけた。

裁判所の判断

二〇一六年六月、東京地裁は請求棄却の判決を言い渡した。その内容は、検挙、取調べ、起訴、予審決定、有罪判決、裁判記録の廃棄までについては違法性を認めながらも、「これらの行為については、当時、国家に賠償責任を負わせる法令上の根拠がなく賠償責任は負わない。それ以外の行為については、違法性が認められない」というものであった。

控訴審では特に国家無答責の法理について争ったが、岡田教授の人証申請などについて必要性を認めなかったため、二〇一七年一二月、裁判官忌避、その後、一八年一〇月に控訴棄却となり、地裁判断が維持された。

その後、上告理由書の期限徒過を理由として、二〇一九年一月最高裁が却下を決定し、特別抗告・再審申立てを経たものの、判決は確定した。

(4) 今「横浜事件」を振り返る意義とは

「戦前の思想弾圧はひどかった」というだけで、横浜事件を通り過ぎることは許されない。司法が自らの戦争責任を検証する機会を自らつぶしつづけてきた事実、それに対する被弾圧者やその家族たちの生々しい怒りにふれるとき、私たちは「権力の本質は何も変わっていない」ことに気づくのだ。

二〇二四年二月、半年以上前の八月六日に、原爆ドーム前で開催された反戦反核集会に参加していた五人が、暴力行為等処罰に関する法律（暴処法）違反で逮捕・起訴され、約一〇か月間勾留された。被害届もないという異様な事件だ。暴処法は戦前から治安維持法とともに治安維持のために使われてきた法律である。大軍拡や自衛隊と米軍の有機的一体化の進行によって、権力に直接に対峙して「戦争反対」と声をあげなければならない時代がすでに到来している。

第三次再審や国家賠償請求を牽引し、訴訟資料の入手に奔走した木村まきは二〇二三年八月に亡くなった。彼女が控訴審で最後におこなった意見陳述はこう締めくくられている。「司法に携わる人々も同じ人間として、この被害、苦しみを理解してくださると思い、長年に亘り裁判をしています。横浜事件は複雑な込み入った事件ではありません。犯人はいません。犯人は国なのです。誰がみてもわかりやすい、シンプルともいえる事件です。司法は、そのまま受け取り公正な裁判をし、今度こそ納得のいく判決を出してください。……〔共謀罪法案について〕『話し合うだけで罪になる』。横浜事件と全く同じです。横浜事件は今の事件です。古い過去の事件ではなく。横浜事件における国の犯罪を認めないので、敗戦から七二年経っても憲法は守られず、悪くなるばかり。黙認することはできません。／司法は、エミール・フランソワ・ゾラの、ドレヒュス事件での最後の弁論『他人の苦しみが、自分の苦しみとなったとき、人権の感覚は、始めて君のものだ。』を、想起してください。／そして、これまで裁判官は裁かれることがなかった、ということについても、また。」

参考文献

内田剛弘『司法の独立と正義を求めて半世紀』田畑書店、二〇一〇年
荻野富士夫・西村央編・解説『河童自伝〜細川嘉六　生いたちの記・「放談」・獄中書簡』六花出版、二〇二四年
松坂まき編『横浜事件　木村亨全発言』インパクト出版会、二〇〇二年
森川金壽『権力に対する抵抗の記録』創史社、二〇〇一年
横浜事件・再審裁判＝記録／資料刊行会『全記録　横浜事件・再審裁判』高文研、二〇一一年
横浜事件第三次再審請求弁護団編著『横浜事件と再審裁判』インパクト出版会、二〇一五年
横浜事件第三次再審請求弁護団編『資料集成　横浜事件と再審裁判』インパクト出版会、二〇一六年
吉永満夫『崩壊している司法——横浜事件再審免訴判決と仕事をしない裁判官たち』日本評論社、二〇一四年

コラム4

特高官僚・思想検事の戦後

桜井千恵美

敗戦直後、日本政府は革命運動の高揚をおそれて、その脅威を防止する治安対策に力を入れた。内務省警保局保安課は「左翼分子の動向」を数多く報告した。「特高課長会議説明資料」には、「国内政治の一応の民主化傾向は、ソ聯の東亜特に我国に対する政治的思想的攻勢の積極化と相俟つて近い将来共産主義運動に公然の合法舞台を提供するであらう」とあった。全国各地の左翼などの動向も山崎巌内務大臣に報告されている。警保局保安課は特高警察拡充の予算案も立てていた（『資料　日本現代史3』大月書店、一九八一年）。

日本政府に「民主主義的傾向の復活強化に対する一切の障礙《しょうがい》を除去」（ポツダム宣言）は任せられないと判断したGHQは、一九四五年一〇月四日、「人権指令」を発した。その内容は治安維持法の廃止、政治犯の即時釈放、特高警察の廃止、内務大臣・警保局長や特高警察官の罷免だったが、日本政府は抜け道を模索し、新たな公安警察の創出を図った。

一九五〇年六月に朝鮮戦争がはじまると、占領政策の円滑な遂行を目的に、五一年九月以降、罷免された特高関係者の復権を図り、自治省（現・総務省）、警察庁、公安調査庁、防衛庁（現・防衛省）、文部省（現・文部科学省）などに復職していった。また、GHQは特高警察、思想検事らの追放を解除した。特高関係者は公職追放解除後いち早く政界に進出したが、思想検事や裁判官らは「人権指令」で罷免されることなく（一部は公職追放）、そのまま戦後の司法界に復帰していった。

特高関係者で政治家になり大臣にまでなったのは、丹羽喬四郎《にわきょうしろう》（京都府特高課長、運輸大臣）、増原恵吉《けいきち》（和歌山県特高課長、防衛庁長官）、奥野誠亮《せいすけ》（鹿児島県特高課長、文部大臣、法務大臣、国土庁長官）らである。奥野は、国土庁

コラム 4

長官のときに日中戦争について「日本に侵略の意図はなかった」と発言して辞職した。その後、自民党の「歴史・検討委員会」の中心メンバーとなり、「大東亜戦争」は侵略戦争ではなかった、南京大虐殺や「慰安婦」はでっちあげだと主張し『大東亜戦争の総括』(展転社、一九九五年)にまとめて出版した。

特高警察の指揮をした内務省警保局長の経験者でいえば、天皇機関説事件や大本教事件などを指揮した唐沢俊樹は岸内閣の法務大臣、三木清の逮捕・投獄を指揮した古井喜美は池田内閣の厚生大臣となった。横浜事件の弾圧を指揮した町村金吾は北海道知事を三期つづけ、その後、自治大臣、国家公安委員長を務めている。東久邇内閣の内務大臣として全国の左翼の動向を蒐集し、特高の維持に執念を燃やした山崎巌は、池田内閣の自治大臣、国家公安委員長になった。

拷問を含む弾圧に直接手を下したのは特高だったが、起訴・予審・公判などの司法処分で治安維持法の威力を発揮していたのが検事や判事だった。

村山俊太郎を弾圧した山形地裁の判事長尾信は戦後には松川事件の第一審裁判長として死刑を含む有罪判決を出した。松川事件は第二審でも有罪判決となったが、一九五九年に最高裁大法廷は高裁に差し戻した。この最高裁法廷で死刑=有罪判決を主張した少数意見の裁判官が、京都学連事件など多くの弾圧にかかわり、司法省刑事局長として四一年の治安維持法「改正」にあたった池田克《かつ》であった。

参考文献
荻野富士夫『特高警察』岩波新書、二〇一二年
「特高警察黒書」編集委員会編『特高警察黒書』新日本出版社、一九七七年

3 現代の治安維持法
――特定秘密保護法・共謀罪法の成立

白神　優理子

人びとの目・耳・口をふさぐ現代の弾圧法だと批判される「特定秘密の保護に関する法律」(以下、特定秘密保護法)と「改定(改正)組織的犯罪処罰法」(以下、共謀罪法)の内容・その危険性を探る。

(1)「特定秘密の保護に関する法律」の問題点

まず、特定秘密保護法(二〇一三年一二月六日成立)はどのような内容か。

この法律は、国が指定した「秘密」を漏らしたり不正に取得したりすると、公務員であろうと民間人であろうと刑事罰の対象として最高で懲役一〇年と罰金一〇〇〇万円という重い処罰を科すというものである。

①まず「行政機関の長」(国政を執行するすべての行政機関――省・庁・委員会などの長)が、「防衛」「外交」「特定有害活動(スパイ行為等)」「テロリズムの防止」の分野にかかわる広範な情報を「特定秘密」として指定し、

②「特定秘密」の取扱いの業務をおこなう公務員・労働者・その家族について、秘密を漏らすおそれがないことの評価ができるかを調べる「適正評価制度」として、犯罪歴、懲戒歴、精神疾患、

飲酒についての節度、信用状態その他の経済的状況等のプライバシーに関する情報を、行政機関や警察が握り監視することを可能とする、

③そして、「特定秘密」の漏洩《ろうえい》や「管理を害する方法での取得」、これらの行為をおこなうようそそのかす、共謀（これらの行為をおこなうことを複数で相談すること）・煽動（これらの行為をするよう煽《あお》り仕向けること）という行為について重く処罰する、

というのが法律の主な内容である。

法の大原則に反する治安立法

最も大きな問題は、対象となる「秘密」は「何が秘密かも秘密」にされてしまうという点である。つまり、どのような行為が犯罪になるのかもわからない。二〇二三年末の時点では秘密の指定件数は七五一件、保有文書数約六八万件にまで広がっている。また秘密とする期間は原則六〇年だが、政府が期間を延長でき永久に秘密にすることも可能である。

刑罰法規の大原則には「罪刑法定主義」というものがある。犯罪とされる行為がどのような行為であるのか、それに対してどのような刑罰が科されるのかということをあらかじめ具体的・明確に法律で定めておかなければならない。何が犯罪行為かがわからなければ、自由に行動できなくなってしまうためである。そして刑罰とは、人の財産や身体の自由など重要な権利を侵害するものであるから、国会で決議しなければならないという民主主義の観点からもきわめて重要な原則である。

ところが特定秘密保護法は、そもそも秘密とは何かということ自体が知らされないため、罪刑法定主義の原則（憲法三一条）に真っ向から反する。たとえばジャーナリストによる取材行為、住民団体による軍事基地の監視や調査なども不正取得罪にあたりかねず、秘密を取り扱うこととなった労働者がする何気ない会話も漏洩罪にあたりかねないという内容であるため、国民からするとどの行為が犯罪行為とされるかわからない。そのうえ、そそのかす行為すら処罰対象とされているため、たとえば米軍基地周辺での有害物質の流出や米軍機墜落事故があった際に所管の省庁に対して原因追及をすることと、特定秘密を扱う者とされた労働者に対して、日常会話のつもりで仕事内容を質問するという行為にいたるまで処罰対象とされかねない。これでは国民の側からすると、政治活動から日常会話まで萎縮してしまうこととなり、政府の側からすると都合の悪い言論活動を封じることが可能となる。

実際に戦前には軍機保護法という治安維持法と並ぶ弾圧法規があり、友人夫妻に旅行先の見聞を語っただけで懲役一五年の刑を受けた学生もいた。

特定秘密保護法も同様の仕組みである。まさに「治安立法」である。

政府による情報独占と操作の危険──「知る権利」が奪われ民主主義の破壊へ

あわせて、何が「特定秘密」であるのか国民には知らされず一部の高級官僚が情報を独占し、そのため政府が発表する情報の真偽を確認することもきわめて困難になってしまい、政府による情報操作にまで道を開くことになるため、国民の知る権利が侵害されるという点も深刻な問題である。

人は情報を得るからこそ、その情報を元に自らの思考をめぐらせ、思想を形成し、意見の発表や他者との議論などの表現行為をすることができる。知る権利・表現の自由は民主主義の不可欠の前提とされるが、特定秘密保護法はこれを侵害する。そして政府による情報独占・情報操作を可能とするため、国会の審議権や裁判所の司法権すら排除しかねないこととなる。

民主主義を壊しかねない重大な危険をもっている。

プライバシーを侵害する監視社会

さらに適正評価制度は、公務員だけではなく、特定秘密の取扱いの業務をおこなう者とされた民間企業等の労働者までを対象として、プライバシーにわたる情報を行政機関や警察が握ることを許すものであるからプライバシー権を侵害する。ここで警察等が収集する情報には、思想・信条、政治活動、組合活動に関する情報が入ることは否定されていない。

加えて、特定秘密の取扱いの業務をおこなう者（過去に取り扱っていた者も含む）が、「漏えいの働き掛けを受けた場合」だけではなく「その兆候を認めた場合には、上司その他の適当な者へ報告するなど、適切に対処する」と規定しており、相互監視・密告社会につながる危険な内容である。

平和主義を脅かす「軍事立法」

特定秘密保護法については、各種世論調査において過半数の国民が反対し、八割の国民が慎重審議を求め、多数の自治体が反対の決議をあげ、各界から反対の声があがり、法案に反対する市民が連日国会を包囲した。しかし、短期間の審議で自民党、公明党により強行採決された。

二〇一三年には、日本版ＮＳＣ設置法も成立している。これは、軍事等の事態に対応するために日米のＮＳＣ（国家安全保障会議）で情報を共有し方針を決めるものであり、「戦争司令塔」ともいうべきものである。特定秘密保護法は、アメリカの情報を共有するにあたり必要なものとして導入されている。翌年には、日本が攻撃されていなくともアメリカなど日本と密接な関係にある他国が起こした武力攻撃や戦争に参加することに道を開く、集団的自衛権の行使容認の閣議決定がされている。

まさに、これらの法律は一体となって戦争遂行を可能とする「軍事立法」であり、憲法の平和主義の原則に反することは明らかである。

（2）共謀罪法の問題点

心のなかを処罰する現代の治安維持法

共謀罪法（二〇一七年六月一五日成立）とは、国民からの強い批判により過去に三度にわたり廃案になったものを、「テロ等準備罪」と名前を変え、自民・公明・維新の会により強行成立されたものである。

その内容は、二七七種類もの犯罪について、

①「テロリズム集団その他の組織的犯罪集団（団体のうち、その結合関係の基礎としての共同の目的が別

表第三に掲げる罪を実行することにあるものをいう。次項において同じ。）の団体の活動として」、
②その犯罪の「遂行を二人以上で計画した者」で、
③「犯罪を実行するための準備行為が行われたとき」
に処罰するという内容である。

ここでいう「計画」とは「共謀」と同じ意味であり、二人以上で話し合いをしたことを意味するため、基準はきわめて曖昧であり範囲が広い。そして「準備行為」とは、法律上具体的な定義が一切ない。国会の審議では、ATMからお金をおろすといった何の危険もない日常的な行為についても、犯罪のための資金準備として「準備行為」にあたるということが明らかになった。捜査機関がそう決めつければあらゆる行為が「準備行為」とされうる。

さらに「組織的犯罪集団……の活動として」という部分について、法務大臣は衆議院で審議している段階では「テロリズム集団、暴力団、麻薬密売組織などに限られる」、「通常の団体に属し、通常の社会生活を送っている方々は処罰対象にならない」と繰り返し答弁していたものの、参議院での審議になると、「対外的には環境保護や人権保護を標榜していたとしても、それが言わば隠れみの」だとされれば組織的犯罪集団になりうるとする答弁がされた。加えて、団体の構成員ではなくともその団体の「周辺者」だとみなされれば逮捕・処罰の対象になることも明らかになった。法律には「一般人」を対象としないとするなどの制限は一切記載されておらず、結局は無制限に処罰対象者が広がる危険が高いということである。

そうすると市民団体が、基地建設に反対するために「座り込みをしよう」と話し合っただけで、威力業務妨害罪という犯罪行為をねらう組織的犯罪集団とされかねない。そして、メンバーの誰かが建設予定地の周辺で地図を持って歩いただけで犯罪の下見という「準備行為」だとされ逮捕・処罰されかねないのである。

共謀罪法とはつまり、犯罪が実行されるはるか前の段階で処罰するというものである。また、説明したとおり「計画」「準備行為」「組織的犯罪集団」のすべてが曖昧であり、人びとにとって何が罪になるのかがわからない。

これは、何が犯罪であり、何が犯罪ではないのかが明確に定められるべき原則（罪刑法定主義）に反する。そして日本の刑法は、人の生命・身体・財産等の守るべき「法益」を実際に侵害し、すでに犯罪を実行した既遂犯処罰を原則としている。例外的にごく一部の重大犯罪について未遂や予備を処罰対象としているが、いずれも犯罪の実行に着手した（未遂）、ごく一部の重大犯罪について実際に危険な行為に及んだ（予備）という客観的な行為が処罰対象とされており、意思や内心は処罰対象としていない（行為原則・侵害原則）。

この原則は近代刑法の大原則であり、最高法規たる日本国憲法にまでこの原則が書き込まれている（憲法第三一条）。これは、日本が大日本帝国憲法下において、まさに思想や内心を逮捕・処罰の対象とし、国にとって都合の悪い言論・表現を弾圧して侵略戦争に突き進んだことの痛恨の反省によるものである。

共謀罪法は、二人以上で話し合いをしただけで、何ら危険な行為に及んでいないにもかかわらず逮捕・処罰できるとするものであるため、思想や内心を処罰するものであり、まさに現代の治安維持法である。

治安維持法は処罰範囲を広げ、用意した隠れ家で家事を担い党の活動の便を図ったとして共産党幹部の内縁の妻を処罰するまでにいたった。思想や内心を処罰対象にすると「行為」によって限定ができず、いくらでも「このような内心だったのだろう」とこじつけることができるため処罰範囲が無制限に広がる。そして、「話し合い」と「準備行為」があるとみなせば、市民団体とその関係者全員を一網打尽にしうるため、国にとって都合が悪い市民や団体の弾圧へと道を開く。また、市民の自由な活動に深刻な萎縮をもたらす。

表現・結社の自由（憲法二一条）、思想・信条の自由（憲法一九条）、罪刑法定主義などの適正手続き原則（憲法三一条）を侵害する違憲立法である。

民主主義を破壊する危険

共謀罪法は、「計画」すなわち話し合いそのものが犯罪を構成しているため、警察機関は当然に、市民や市民団体の話し合いの内容を調査できることになる。

犯罪の捜査を名目に、電話の内容などの「会話傍受」、「盗聴」、メールやＬＩＮＥなどの調査・取得といった、きわめて広い範囲での情報取得へと道を開き、深刻な監視社会をもたらす。プライバシーの権利、思想・信条の自由、表現の自由をも侵害するものである。

共謀罪法の成立を阻止するために国会周辺では連日の座り込みがあり、全国各地で市民集会やデモがおこなわれ、各層からの反対声明があがり、国会内では四野党一会派が結束して闘った。世論調査では反対が賛成を上回った。国連人権理事会の特別報告者から、プライバシー権と表現の自由を過度に制限するとの指摘もされた。

しかし、与党と維新の会は形式的な審議時間が経過したことのみをもって審議を打ち切り強行採決し、参議院においては法務委員会での採決すらおこなわず「中間報告」という緊急手段を用いて本会議を開催して採決を強行した。民主主義を壊す暴挙である。

（3）九条改憲と緊急事態条項

治安維持法は、一九二八年に最高刑を死刑に引き上げる改悪がされている。この際には大日本帝国憲法に規定されていた緊急事態条項の一つである「緊急勅令」が使用され、議会を無視し天皇の一存で強行されたものである。日本国憲法は、侵略戦争への深い反省からあえて緊急事態条項を規定していない。しかし現在、自民党・維新の会・国民民主党を中心とした改憲勢力は九条改憲とあわせて、緊急事態条項の創設を求めている。

緊急事態条項は日本国憲法を停止し、三権分立をはじめとした権力分立の仕組みも、人権規定も無視することが可能となり、内閣の一存で人権を制約することを内容とする法律と同一の効果をもつ命令を下すことができる。自民党の案では期間の制限もなく、選挙すらおこなわないことを可能とする。国家総動員の戦争体制をつくり、無令状で捜索や逮捕、特定のメディア・団体・集会やデモを禁止することにも道を開き、独裁国家へとつながる仕組みである。

(4) 憲法こそ希望

私は高校時代に、高校生平和ゼミナールに参加し、戦争体験者の方々の証言を聞き、日本国憲法を学んだ。戦争を徹底的に否定し、個人の命・尊厳を最高の価値とする日本国憲法は、戦争によって奪われた多くの命と引き換えに、私たちが手にした命のバトンであると知った。

そして、侵略戦争の深い反省から徹底的に権力を縛り、人類が長い闘いによって勝ち取った人権を保障する日本国憲法を学んだことで、人間の歴史は前に進んでいる、声をあげることで社会をより良くすることができるという希望を見つけることができた。「憲法は希望」だということを強調したい。

平和、個の尊厳(自由や人権)、民主主義などの憲法の柱を壊す動きに抵抗し、日本国憲法を実現し、希望を大きく広げたい。

参考文献
内田博文『治安維持法の教訓——権利運動の制限と憲法改正』みすず書房、二〇一六年

4　安保三文書と改憲のねらい

山田　朗

（1）安保三文書とは何か

二〇二二年一二月一六日に「安全保障三文書」（以下、三文書）が国家安全保障会議と閣議において決定された。三文書自体は、名称の変更はあるものの従来から存在するものであるが、今回改定された三文書は、これまでにない特徴を有している。また、ただちに二〇二三年度以降の軍事（防衛）予算の大幅増額というかたちで具体化されたという点でも特異なものである。

三文書とは、①「国家安全保障戦略」、②「国家防衛戦略」、③「防衛力整備計画」をさす。従来、②は「防衛計画の大綱」、③は「中期防衛力整備計画」と称されていたが、今回、名称が変更された（三文書の最初の決定以来の来歴については、『戦争ではなく平和の準備を』一一二〜一一五頁を参照のこと）。ここでは、まず三文書の特徴を示しておきたい。

まず、三文書の筆頭格である「国家安全保障戦略」は、外交戦略・防衛戦略・経済戦略・食糧戦略などを総合したものであるが、防衛戦略が突出しているのが大きな特徴である。「国家安全保障の最終的な担保である防衛力の抜本的な強化」という表現も見られる。また、①領域横断作戦能力（従来型の陸・海・空の作戦能力だけでなく宇宙・サイバー・電磁波領域における作戦能力）に加え、スタンド・オフ防衛能力（長射程のミサイルシステム）、無人アセット防衛能力（ドローン、無人機など）等の強化が謳われ、②「反撃能力の保有」（従来「敵基地攻撃能力」としていたもの）、③五年後の二〇二七（令和九）年度に、防衛力の強化のため予算水準がＧＤＰの二％に達するよう所要の措置をとることなどが提起されている。三文書の筆頭格において軍事予算の抜本的増額を示したことの意味は大きい。

次に、「国家防衛戦略」は、一九七六年以来の「防衛計画の大綱」という文書名が変更された。「防衛」は「軍事」の言い換えであるので、この文書は、国家軍事戦略と称してもよい。「防衛計画の大綱」からの名称変更は、自前の軍事戦略をもつということを示している。事実、「国家防衛戦略」には、日米同盟を中心とした従来の抑止力という考え方に加え、日本自前の抑止力をもつという構想が盛り込まれている。その抑止力を担うのが、①スタンド・オフ防衛能力と②統合防空ミサイル防衛能力（敵側ミサイル迎撃システム）である。そして、その抑止が破られた場合、①と②の能力に加え、相手側への優勢を確保するための対処力として、③無人アセット防衛能力、④領域横断作戦能力、⑤指揮統制・情報関連機能が掲げられている。さらに、抑止力と対処力と合わせて粘り強く作戦を継続し、相手側の侵攻意図を断念させる力、すなわち「継戦力」といえるものが強調され、具体的には、⑥機動展開能力・国民保護と⑦持続性・強靭性があげられている。

「防衛力整備計画」は、従来の五年ではなく、五年後、一〇年後に達成すべき軍事力の水準を提示したものである。そこでは、抑止力と対処力・「継戦力」を全体的に底上げすることがめざされ、従来の「中期防衛力整備計画」では示されていなかった「所要経費」全額が提示され、二〇二三年度から二七年度までの五年間で四三兆円になることが掲げられた。二三年度の予算案提示に先立って五年間の予算総枠があらかじめ決められていたことになる。

(2) 安保三文書からはじまった急速な軍備拡張

ロシアによるウクライナ侵攻と「台湾有事」問題がクローズアップされるような「安全保障環境」の変化に対応するために安保三文書が作成され、それにもとづき二〇二三年度以降の軍事費の大幅増額が決定された。「防衛予算」は、二二年度＝五兆四〇〇〇億円から二三年度＝六兆八〇〇〇億円（前年度比二五・九％増）、二四年度＝七兆九〇〇〇億円（一六・五％増）、二五年度＝八兆七〇〇〇億円（九・四％増）となった（当初予算・米軍再編費含む）。それでは、二三年度からの五年間で、抑止力・対処力・「継戦力」にはどれほどの金額が投入されるのか。それぞれの【能力（機能）】別の項目と配当予算額は左のとおりである。

抑止力：【スタンド・オフ防衛能力】＋【統合防空ミサイル防衛能力】
　五年間で【五兆円】＋【三兆円】＝八兆円（総額の一八・六％）

対処力：【無人アセット防衛能力】＋【領域横断作戦能力】＋【指揮統制・情報関連機能】
　五年間で【一兆円】＋【八兆円】＋【一兆円】＝一〇兆円（総額の二三・三％）

「継戦力」：【機動展開能力・国民保護】＋【持続性・強靭性】

五年間で【二兆円】+【一五兆円】=一七兆円（総額の三九・五%）

その他：五年間で八兆円（総額の一八・六%）

（防衛省『令和7年度予算案の概要：防衛力抜本的強化の進捗と予算』二〇二四年一二月二七日、六頁）

ここで特徴的なのは、【スタンド・オフ防衛能力】【領域横断作戦能力】【持続性・強靱性】に非常に多くの費用が配分されていることである。【スタンド・オフ防衛能力】の中心は、長射程（一〇〇〇キロから三〇〇〇キロ）のミサイルであり、【領域横断作戦能力】は従来の陸海空の兵器体系に宇宙・サイバー・電磁波領域での新たな装備を加えること、【持続性・強靱性】の中心は兵器・弾薬類の備蓄、既存兵器の維持・整備費である。

また、その他に属するが、兵器の能力向上や新規開発に直結する防衛技術関係の研究開発費は、五年間に三・五兆円が見込まれている。研究開発費の重点項目を見ると、五年後・一〇年後に求められている兵器体系が見えてくる。たとえば二〇二三年度予算の場合、次世代兵器の開発をめざす約九〇〇〇億円の研究開発費のうち、抑止力を担うスタンド・オフ防衛能力に約四五〇〇億円、統合防空ミサイル防衛能力に約一五〇〇億円が充てられている。研究開発が、明らかに抑止力の構築に重点をおいていることがわかる。そして、抑止力=敵基地攻撃能力の中核であるスタンド・オフ防衛能力のなかでも島嶼防衛用高速滑空弾（能力向上型）の開発に二〇〇三億円、極超音速誘導弾（HGV）の研究に五八五億円、スタンド・オフ・ミサイルのプラットホームにもなる次期戦闘機の開発にも一〇五四億円が投入されているのが目立つ。

（3）軍備拡張による違憲状態の常態化

自前の抑止力として構築しようとしているスタンド・オフ防衛能力における「スタンド・オフ」とは、「相手（敵）の威力（防空）圏外から」という意味であり、相手（敵）の戦術的防御兵器の射程圏外から攻撃できる能力をさしている。戦術的防御兵器の射程距離は、一般的に数十キロから二〇〇キロ程度と考えられるので、ここでいうスタンド・オフ防衛能力とは、その射程圏外から発射できる長射程のミサイルの類をさすことになる。実際に、すでに導入（近いうちに実戦配備予定）が決定されたスタンド・オフ・ミサイルは、航空機搭載のJASSM-ER（射程距離九〇〇キロ）など、艦艇搭載のトマホークブロックⅣ（射程距離一六〇〇キロ）である。これらはいずれも米国製の実用化されている兵器であるが、基本的に、国産スタンド・オフ・ミサイルが実戦配備されるまでの中継ぎの性格と考えられる。国産のスタンド・オフ・ミサイルとしては、すでに実戦配備されている12式地対艦誘導弾（地上発射型：射程距離約二〇〇キロ）を航空機や艦艇からも発射できるようにし、さらに射程距離を延伸（第一段階として九〇〇キロ、第二段階として一五〇〇キロ）した12式地対艦誘導弾能力向上型の初期タイプが二〇二四年度には量産に入っている。これは、既成兵器の「能力向上型」と謳っているが、射程距離が九〇〇キロあるいは一五〇〇キロであればターゲットは「艦」に限定されるようなものではなく、まったく別物の兵器ということになる。

そしてさらに、国産スタンド・オフ・ミサイルとしては、「12式～能力向上型」の次に、「島嶼防衛用高速滑空弾」の導入（二〇二六年度頃から射程距離数百キロのブロック1の配備）が、さらにその次にブロック2B（射程距離二〇〇〇キロレベル）の開発が予定されている（二〇三〇年度頃に配備予定）。そして、「高速滑空弾」の次に、「極超音速誘導弾」の開発も進められている。「12式～能力向上型」は通常タイプ（亜音速）の巡航ミサイルであるが、「高速滑空弾」はほとんど弾道ミサイルと同じ形式（ロケットで大気圏外まで上昇したのち、弾頭部分が高速滑空して着弾）、「極超音速誘導弾」は、マッハ五以上の「極超音速」と長射程（三〇〇〇キロレベル）を実現するといわれている。

日本は宇宙ロケットの国産技術を保有しながらも、弾道ミサイルを保有するという選択をしてこなかった。これは、弾道ミサイルを開発する技術はあるが、憲法九条の制約から政策的に技術の軍事転用を抑制してきたのである（これには、アメリカが「核の傘」を提供することによる抑制もあったにせよ）。しかし、現在、中距離弾道ミサイルに匹敵する射程距離を有する兵器の保有が進められているにもかかわらず、弾道ミサイルの保有であるならば、当然に展開されたような違憲議論が国会でもなされていないのは大きな問題である。スタンド・オフ・ミサイルの開発・実戦配備は、武力による威嚇をも禁じた憲法九条違反を常態化させるものである。

（4）軍事同盟・軍備拡張がまねく明文改憲

歴史的な経験からすると、軍事同盟にもとづく軍備拡張は、軍拡の連鎖と緊張の増大を生むことが多い。近代日本の日英同盟と日独伊三国同盟はその典型事例である。大規模な軍事費の投入をともなう継続的な軍備拡張は、兵器の量だけでなく、質的な転換をもたらし、既成戦略を追い越した兵器体系を生み出し、戦争に直結するようなきわめて危険な新戦略を生み出すことがある（『軍事力で平和は守れるのか』九八頁）。

現在推し進められている日米同盟にもとづく急激な軍備拡張は、「専守防衛」の枠を越えた兵器体系の保有という点で、憲法九条第一項の武力による威嚇放棄に抵触し、なおかつ第二項の戦力不保持の原則をゆるがしている。兵器体系の高度化・大規模化が改憲の突破口となっている。この既成事実を基礎として、憲法九条だけでなく、さまざまな私たちの権利・自由が破壊される危険性がある。まず、兵器体系の高度化にともなう産業の軍事化は、多くの労働者を軍事機密に、民間人を国家機密に接触させる機会をつくることになり、すでに特定秘密保護法があるが、さらにその範囲を拡大させ、戦前の軍機保護法や国防保安法に類する秘密保護法令を策定しようという強いベクトルを生じさせることになろう。また、産業の軍事化の進展は、「経済安全保障」の名のもとに、「ホワイト国」（同盟国・同志国）「非ホワイト国」といった分類の設定によって自由な学術交流や情報交換を阻害する動きにもつながる（これはすでに大学などの研究教育機関においてもはじまっている）。

軍事同盟にもとづく軍備拡張は事実上の「仮想敵国」を設定しておこなわれるので、学術・技術交流だけでなく、一般市民による文化交流なども規制したり、それらを阻害したりする「空気」がSNSやマスコミを通じて醸成されるであろう。「仮想敵国」との交流・接触は「利敵行為」とみなされ、そうした人びとを外敵に通ずる「内敵」とみなすような言論空間が構築されることもありえよう。こうなると、私たちの思想・信条の自由すらも脅かされることになる。戦前の治安維持法による言論・思想弾圧も端緒は、「防諜」「防共」といった排外的ファクターから増幅されていったのである。

戦争は一部の関係者だけのもので、一般市民は自らの安全が保障される限り、自分自身の問題ではないと考えていると、今日においては、「徴兵」は構想されていなくても、民間の技術者・専門家が政府による要請と社命による出向というかたちで軍事組織に「徴用」されることは、大いにその可能性があると見なければならない。

参考文献

川崎哲・青井未帆編著『戦争ではなく平和の準備を』地平社、二〇二四年

南塚信吾・油井大三郎・木畑洋一・山田朗『軍事力で平和は守れるのか――歴史から考える』岩波書店、二〇二三年

山田朗『日本の戦争Ⅱ　暴走の本質』新日本出版社、二〇一八年

5 経済安全保障政策のねらいと現在

布施　祐仁

（1）経済安保とは何か

近年、「経済安全保障」（以下、経済安保）という概念がクローズアップされる場面が増えている。日本政府は、経済安保を「我が国の平和と安全や経済的な繁栄等の国益を経済上の措置を通じて確保すること」と定義している。つまり、安全保障の手段として経済的措置を用いるのが経済安保だ。

米国政府は二〇一九年、中国の大手通信機器メーカー「華為技術（ファーウェイ）」に対する先端半導体を中心とする米国製品の輸出を許可制にした。二二年には、先端半導体やその製造に必要な装置などの中国への輸出を事実上禁じた。先端半導体に関する技術が中国に渡れば民生だけでなく軍事にも利用される可能性があるため、安全保障の手段として輸出規制に踏み切ったのだ。これらは、まさに経済安保政策であった。

（2）日本の経済安保法制

日本でも二〇二二年に「経済安保推進法」が制定され、安全保障政策のなかに経済安保が本格的に位置づけられるようになった。さらに二〇二四年には、経済安保のための機密保護法ともいえる「重要経済安保情報保護活用法」が制定された。

現在、この二つの法律にもとづき、経済安保を理由とした政府の民間企業への介入・統制が強化されつつある。まず、法律の概要をスケッチする。

「経済安保推進法」の概要

経済安保推進法の柱は、①重要物資のサプライチェーンの強靭化、②基幹インフラの安全性・信頼性の確保、③先端的な重要技術の開発支援、④安全保障上機微な発明の特許出願の非公開――の四つである。

一つ目の「重要物資のサプライチェーンの強靭化」では、外国の輸出規制などの経済的威圧から国民生活・経済を守るために、重要物資の自給率の向上や特定国への依存低減をめざす。政府は対象となる「特定重要物資」を政令で指定し、関連事業者が作成した「供給確保計画」を認定。認定計画に対して助成等の支援をおこなうことで、安定的な供給確保を図る。

二〇二四年一二月現在、政府は、①抗菌性物質製剤、②肥料、③永久磁石、④工作機械・産業用ロボット、⑤航空機の部品、⑥半導体、⑦蓄電池、⑧クラウドプログラム、⑨天然ガス、⑩重要鉱物、⑪船舶、⑫先端電子部品（コンデンサーおよびろ波器）――の一二分野を「特定重要物資」に指定し、一二三件の「供給確保計画」を認定している。

事業者による安定供給確保が困難な場合は、政府が備蓄など必要な措置を講ずるとしている。

二つ目の「基幹インフラの安全性・信頼性の確保」では、サイバー攻撃など外国の妨害行為によって基幹インフラが使用できなくなるリスクを回避するため、政府が関連事業者に介入・統制できるようにした。

政府は、①電気、②ガス、③石油、④水道、⑤鉄道、⑥貨物自動車運送、⑦外航貨物、⑧港湾運送、⑨航空、⑩空港、⑪電気通信、⑫放送、⑬郵便、⑭金融、⑮クレジットカード――の一五分野で関連事業者を「特定社会基盤事業者」に指定し、国が指定した重要設備を導入する際や維持・管理などの外部委託をする際には、事前に所管省庁に計画を届け出て審査を受けることを義務づけた。政府は、妨害行為のリスクが高いと判断した場合、事業者に計画の変更または中止を勧告・命令できる。

事業者が、事前届出をおこなわなかったり虚偽の届出をした場合、あるいは国の命令に従わなかった場合には二年以下の懲役または一〇〇万円以下の罰金が科される。

三つ目の「先端的な重要技術の開発支援」では、ゲームチェンジャーとなりうる先端的な技術が外国に先に利用されて安全保障上の脅威となるのを避けるため、政府が民間の研究開発に介入できる制度を創設した。

具体的には、研究開発テーマごとに官民合同の「協議会」を設置し、民間企業や研究機関に対して資金提供や機微情報の共有などの支援をおこなう。これらの支援をインセンティブにして、国が求める研究開発に民間を誘導するのがねらいだ。

これまでに協議会が設置された研究開発テーマを見ても、自律型無人機や衛星コンステレーション（低軌道に小型の人工衛星を多数打ち上げて一体に運用するもの）など将来的な軍事利用も念頭においていると思われるものが大半を占める。ほとんどの協議会に防衛省や防衛装備庁が加わっている事実が、何よりの証である。

四つ目の「安全保障上機微な発明の特許出願の非公開」では、公開すると国家および国民の安全を損なうリスクが大きい発明について政府が特許出願を非公開にすることができるようにした。

これは特許法の公開原則に例外を設けるもので、「軍事上秘密を要する発明」を対象におこなわれていた戦前の「秘密特許」の復活ともいえる。

このように、経済安保のために国家が民間の経済活動に介入・統制できるようにしたのが経済安保推進法である。

経済界からは、過度な介入・統制によって自由な経済活動が阻害されることを懸念する声もあがった。そのため、同法では「この法律の規定による規制措置は、経済活動に与える影響を考慮し、安全保障を確保するため合理的に必要と認められる限度において行わなければならない」（第五条）と定めた。しかし、「安全保障を確保するため合理的に必要と認められる限度」を決めるのは国家（日本政府）であり、この条文が過度な介入・統制の歯止めになる保証はない。

「重要経済安保情報保護活用法」の概要

経済安保推進法につづいて制定された重要経済安保情報保護活用法は、政府が保有する経済安保関連の機密情報を民間事業者と共有するにあたり、外部への情報漏洩を防止することを目的としている。

政府は、外部に漏洩すると安全保障に「支障を与える」おそれのある経済安保に関する情報を「重要経済安保情報」に指定し、政府が認定した有資格者に限って提供する。

「重要経済安保情報」への指定が想定されているのは、「例えば、我が国の重要なインフラ事業者の活動を停止又は低下させるような、サイバー攻撃等の外部からの行為が実施された場合を想定した、政府としての対応案の詳細に関する情報、我が国にとって重要な物資の安定供給の障害となる外部からの行為の対象となりかねないサプライチェーンの脆弱性に関する情報、我が国政府と外国政府とで実施する安全保障に関わる革新的技術の国際共同研究開発において、外国政府から提供され当該外国において本法律案による保護措置に相当する措置が講じられている情報など」である（二〇二四年四月一八日の参議院内閣委員会での政府答弁）。

有資格者の認定にあたっては、政府が適性評価（セキュリティ・クリアランス）をおこなう。

適性評価では、犯罪・懲戒歴、精神疾患の有無、飲酒の節度、借金・信用状態などの調査に加えて、「政治上その他の主義主張」にもとづき重要経済基盤を毀損する活動との関係を調べる。また、外国とのつながりを確認するため、家族や親族、同居人の国籍なども調べる。

有資格者が重要経済安保情報を外部に漏らした場合、五年以下の懲役もしくは五〇〇万円以下の罰金またはその両方が科せられる。漏洩を共謀、教唆、扇動した者にも、三年以下の懲役または三〇〇万円以下の罰金が科せられる。

重要経済安保情報保護活用法は、二〇一三年に制定された特定秘密保護法につづく、第二のセキュリティ・クリアランス制度だ。

特定秘密保護法は、①防衛、②外交、③特定有害活動（スパイ行為等）、④テロリズムの防止——の四分野に関する機密情報で、外部に漏洩すると安全保障に「著しい支障」を与えるおそれのあるものを保全の対象としている。

「著しい」という形容詞が付いているので、重要経済安保情報よりも機密度の高い情報が対象になっている。そのため、外部に漏らした場合の罰則も一〇年以下の懲役（情状により一〇年以下の懲役および一〇〇〇万円以下の罰金）と重要経済安保情報保護活用法よりも重くなっている。

特定秘密保護法で情報保全の対象となる四分野の機密情報を取り扱うのは、大半が政府職員だ。適性評価によって特定秘密の取扱いを認められた有資格者は二〇二三年末時点で一三万五四七九人いるが、九六％以上が政府職員である。その大半は防衛省職員・自衛隊員が占める。民間人は、防衛装備（武器）の開発・生産に直接携わる民間企業の社員などごく一部にとどまっている。

一方、重要経済安保情報保護活用法では、基幹インフラや重要物資のサプライチェーンに関与する民間企業の社員や先端技術の研究開発をおこなう大学の研究者など広範な民間人が適性評価の対象になる。

適性評価は本人の同意を得て実施されるが、所属する企業から適性評価を受けるように促されたら断るのは容易ではない。断った場合、その後のキャリアに影響するなどの不利益を被る可能性もあるからだ。

適性評価をおこなうための調査は、内閣府に設置される調査機関が一元的に実施する。

米国では、政府が保有する機密情報の取扱いが認められている有資格者が四〇〇万人以上いる（そのうち民間人が約三割）。適性評価をおこなうための調査は、国防総省傘下の「国防カウンターインテリジェンス・保全庁（DCSA）」が一部の例外を除いて一元的におこなっている。その体制は約三三〇〇人だという。

日本では数十人規模の体制でスタートするとの政府答弁があったが、今後肥大化していく可能性がある。

内閣府は、「適性評価にあたっての基本的な考え方」で「適性評価に関わる者は、『すべて国民は、法の下に平等であって、人種、信条、性別、社会的身分又は門地により、政治的、経済的又は社会的関係において、差別されない』と規定する憲法一四条を遵守するとともに、基本的人権を不当に侵害することのないようにする」とし、調査は法律が定める事項に限定し、「思想、信条及び信教並びに適法な政治活動、市民活動及び労働組合の活動について調査してはならない」などと記している。だが、適正評価が適切に実施されているかどうかをチェックする仕組みはなく、ルール違反があった場合の罰則規定もない。

重要経済安保情報保護活用法の制定により、市民の思想・信条の自由やプライバシー権への侵害のおそれとともに、民間の経済活動に対する政府の介入・統制がいっそう強まることが予想される。

（3）経済安保政策推進の背景

日本政府が「経済安保」政策の推進に力を入れはじめたのは、二〇二〇年からである。同年四月、国家安全保障会議（政府の安全保障政策の司令塔）の事務局である国家安全保障局内に「経済班」が設置されたのが起点といってもいいだろう。当時の国家安全保障局長、北村滋は著書のなかで「経済安保」の重要性を次のように説明している。

安全保障が、軍事から民間の経済、科学技術に広がっているにもかかわらず、これらを守る仕組みは甚だ脆弱だ。これらを守らなければ国家・国民を守ることはできない。この冷厳な事実を直視すべきだ。米国の前方展開戦略の最前線に位置し、高い軍事的緊張下に置かれた日本。だからこそ、平時からの備えを固めなければならない（北村滋『経済安全保障――異形の大国、中国を直視せよ』中央公論新社、二〇二二年）。

この言葉からも、北村が同盟国・米国の世界戦略を強く意識していることがわかる。実際、日本の経済安保政策は米国と歩調を合わせるかたちで進められてきた。

米国はトランプ政権時代の二〇一七年一二月に公表した「国家安全保障戦略」で、中国に対する政策を大きく転換した。

米国は一九七九年の国交正常化以降、中国に積極的に関与して「改革・開放」を後押しし、「自由主義的国際秩序」に取り込もうとする政策をとってきた。しかし、結果的に期待したようなパートナーにはならず、逆に強い経済力を背景に米国の地位を脅かしかねない存在になってきたことから、「関与」から「対抗」に大きく舵を切った。

国家安全保障戦略では、中国に対して、「インド太平洋地域から米国を追い出し、国家主導経済モデルの影響力を拡大し、自身に有利な方向で地域秩序を変えようとしている」と警戒感をあらわにした。

そして、中国との戦略的競争（覇権争い）に勝利するために「米国は政治、経済、軍事といった全ての国力を統合しなければならない」と強調し、軍事だけでなく経済でも対抗していく姿勢を鮮明にした。

具体的には、米国経済の活性化、競争相手の不公正貿易慣行への対抗、科学技術分野における優位性の維持、国家安全保障にかかわる官民の革新的技術基盤の保護、エネルギー優位の維持などを重視するとした。冒頭で紹介した中国企業への先端半導体の輸出規制も、この方針にもとづいている。

二〇一七年の国家安全保障戦略がもう一つ強調したのは、中国との戦略的競争を米国単独ではなく同盟国などと一体におこなっていくことであった。「我々の同盟国及びパートナー国もまた、共通の脅威に立ち向かうために意思を示し、能力面で貢献しなければならない」と明記した。

こうした米国の世界戦略に追随するかたちで、日本政府の経済安保政策は進められてきた。二〇二一年四月の日米首脳会談では、新たに「日米競争力・強靭性（コア）パートナーシップ」を立ち上げて、「生命科学及びバイオテクノロジー、人工知能（AI）、量子科学、民生宇宙分野の研究及び技術開発における協力を深化する」ことや「両国の安全及び繁栄に不可欠な重要技術を育成・保護しつつ、半導体を含む機微なサプライチェーンについても連携する」ことなどで合意した。

これらは、まさに中国への対抗を念頭に日米が一体となって経済安保に取り組んでいくことを確認したものであった。日本政府が国会に経済安保推進法案を提出したのは、この翌年のことであった。二〇二〇年に菅義偉《よしひで》首相（当時）が日本学術会議の会員候補六人の任命を拒否したのも、こうした動きと連動したものであった。戦後、日本学術会議は国家による科学技術の軍事利用に歯止めをかける機能を担ってきたが、それを掘り崩すことをねらった介入であった。

（4）経済安保の本質とは何か

二〇二二年に米バイデン政権が公表した国家安全保障戦略は、中国を「国際秩序を再形成する意図と能力を兼ね備える（米国にとって）唯一の競争相手」と位置づけ、あらためて対抗姿勢を鮮明にした。「米国は、我々の優位性と同盟国の力を活用し、引き続き世界を主導していく」とも明記した。

このように、米国は中国との戦略的競争（覇権争い）に勝利するため、政治、経済、軍事、科学技術などあらゆる分野で自身の優位性を維持するとともに、同盟国の力を最大限活用しようとしている。

日本政府はこの米国の要求に全面的に応えるため、経済安保推進法や重要経済安保情報保護活用法を制定し、民間の経済活動や研究開発への介入・統制を強めているのだ。

前述したように経済界からは自由な経済活動が阻害されることへの懸念の声もあがっているが、他方ではビジネスチャンスととらえる向きもある。

日本経団連と日本商工会議所は日本政府が重要経済安保情報保護活用法案を国会に提出した直後の二〇二四年三月、「セキュリティ・クリアランスは、企業が国際共同研究開発等に参加する機会を拡大することにも資する」として法案の早期成立を求める声明を共同で発表した。

特定秘密保護法よりも幅広い民間人が対象となるセキュリティ・クリアランス制度ができれば、機微な情報の共有が必要となるデュアルユース（軍民両用）技術・製品の外国との共同研究や受注のチャンスが広がるというのだ。

日本の経済は戦後、軍需品の生産を目的としない平和産業で発展してきたが、経済安保政策の推進は武器輸出の推進と相まって日本の産業構造を変え、経済の軍事依存を深めることになるだろう。

一九五三年から一九六一年まで米国大統領を務めたドワイト・アイゼンハワーは退任時におこなったテレビ演説で、「軍産複合体の影響力が我々の自由や民主主義のプロセスを決して危険にさらすことがないようにせねばならない」と警鐘を鳴らし、国民に警戒心をもつよう呼びかけた。今の日本にも、経済の軍事化に対する国民の強い警戒心が必要だ。

参考文献

国際文化会館地経学研究所編『経済安全保障とは何か』東洋経済新報社、二〇二四年
島薗進・井原聰・海渡雄一・坂本雅子・天笠啓祐『経済安保が社会を壊す』地平社、二〇二四年

6 学問と教育の自由をめぐる攻防
――統制と介入、抵抗の戦後八〇年

河合　美喜夫

(1) 旭川学力テスト事件

戦前の学問の自由が侵害された歴史をふまえて、日本国憲法は「学問の自由は、これを保障する」(二三条)と定めた。また、戦前の国家主義的教育の反省から誕生した教育基本法(一九四七年公布)にも「学問の自由を尊重」(二条)があり、教育は「不当な支配に服することなく」(一〇条)と規定し、教育の自由と自律性を保障した。こうして学問の自由、教育の自由が戦後教育の出発点となったが、戦後八〇年は学問の自由と教育の自由をめぐる攻防の歴史でもあった。

治安維持法廃止、教育勅語失効、そして日本国憲法と教育基本法によって学問の自由、教育の自由が保障されたにもかかわらず、なぜ学問や教育への国家統制や政治介入がおこなわれたのであろうか。その背景には、東西の冷戦が本格化し、一九五〇年代前後にアメリカの対日占領政策が変化したことにある(本章1を参照)。再軍備を進め、占領下の民主化政策を否定する「逆コース」の動きが強まり、教育の分野でも五四年の教育の政治的中立の確保に関する臨時措置法、五七年からはじまる勤務評定実施などの教育統制政策が相次いだ。なかでも六一年にはじまる中学二、三年を対象とする全国学力テストに対して、全国各地で教職員、父母、地域住民が激しく抵抗した。北海道旭川市の永山中学校では、学力テスト実施に抗議する教員が公務執行妨害罪で刑事弾圧される事件が起こり、裁判闘争となった。

旭川学力テスト事件裁判（以下、旭川学テ裁判）は、学力テストの実施が違法か否かだけではなく、教育内容を決める権限が国にあるのか、国民の負託を受けた教員にあるのかが争点となる教育裁判となった。旭川地裁の法廷には、多くの現場教員や保護者、教育学者らが証言台に立った。一九六六年五月、旭川地裁は教育基本法一〇条に違反するとして学力テストは違法との判決を出した。その判決から半年後の一一月、文部省は学力テストの中止を発表した。六八年六月の二審も違法との判決を出したが、七六年五月二一日の最高裁判決は一審、二審判決をくつがえし、学力テストは違法ではないとの判断を示した。

しかし旭川学テ裁判の最高裁判決は、「戦前における教育に対する過度の国家的介入、統制に対する反省から生まれたものであることに照らせば、同法一〇条が教育に対する権力的介入、特に行政権力によるそれを警戒し、これに対して抑制的な態度を表明したものと解することは、それなりの合理性を有する」と、教育基本法制定の理念を確認するものになっている。学習指導要領については、「全国的な大綱的基準としての性格をもつもの」であり、「教師に対し一方的な一定の理論ないしは観念を生徒に教え込むことを強制するような点は全く含まれていない」と述べ、「教師による創造的かつ弾力的な教育の余地」が残されているとした。また、憲法二三条の「学問の自由」にも言及し、学問研究の結果を教授する自由は大学教育だけでなく、初等中等教育段階の普通教育においても「一定の範囲」において認められるとしている。このように旭川学テ裁判の最高裁判決は憲法や教育基本法、学習指導要領をどう解釈するのか、教育内容を決める権限は誰にあるかなどについて重要な判例を示し、その後の教育裁判に大きな影響を与えることになった。

（2）家永教科書裁判と教科書攻撃

旭川学テ裁判が審理された旭川地裁の法廷には、一九六五年に教科書裁判をはじめる家永三郎東京教育大学教授（当時）も証言台に立った。高校日本史教科書を執筆した家永三郎は、のちに教科書裁判に踏みきった理由を次のように述べている。「敗戦前の日本国民は、政府の政策にしたがって画一化された非科学的で反民主主義的かつ好戦主義的な精神で貫かれた教科書で教育を受けてきた。あの不義無謀の戦争に多くの国民が協力し、ばく大な犠牲をはらう悲劇に追いこまれたのも、一つには戦前の国家権力が全国民を学校教育、特に教科書を通して魂ぐるみ丸がかえにしてきたことによるところが大きいと言ってさしつかえない」（家永三郎『一歴史学者の歩み』岩波現代文庫、二〇〇三年）。こうして家永三郎は、国民を戦争に協力させた戦前の教科書の責任の重さから、現行の検定制度のあり方を問うために、教科書裁判を提訴したのである。

家永教科書裁判は提訴以後三二年間におよぶ法廷闘争を展開し、一九七〇年七月一七日、第二次訴訟において東京地裁で画期的な「杉本判決」を勝ち取った。「杉本判決」は、国による教科書検定不合格処分を憲法違反と認め、教育権が国家にではなく国民にあることを確認し、教育に対する国家権力の介入を戒めるとともに、憲法二三条を根拠にして「教師に対し、学問研究の自由はもちろんのこと学問研究の結果自らの正当とする学問的見解を教授する自由をも保障している」との判断を示した。杉本判決以降、検定が緩和され、少しずつ日本の侵略や植民地支配が教科書に載るようになった。

しかし、一九八〇年代になると新たな教科書攻撃がはじまった。八〇年に自民党の機関紙『自由新報』が「いま教科書は……――教育正常化への提言」を連載し、八一年には「日本を守る国民会議」が結成され、戦争を肯定的に描く歴史教科書（『新編日本史』）づくりに着手した。文部省は教科書検定による統制を強化し、日本のアジア諸国に対する「侵略」を「進出」に書き換えさせた。沖縄戦での日本軍による住民虐殺も教科書から消し去った。こうした検定強化、教科書改ざんに批判が広がり、韓国、中国などアジア諸国からも抗議を受け、国際問題化した。国内外の抗議に対して、文部省は八二年、社会科教科書の検定基準に「近隣のアジア諸国との間の近現代の歴史的事象の扱いに国際理解と国際協調の見地から必要な配慮がされていること」という「近隣諸国条項」を追加した。この結果、アジアへの侵略、加害の記述に検定意見がつくことは少なくなり、沖縄戦の住民虐殺の記述も認められた。

家永教科書裁判は一九九七年八月の最高裁判決をもって終結した。最高裁判決は七三一部隊に関する教科書記述を含む四か所に対する検定の違法を認め、七六年の旭川学テ裁判の最高裁判決を活用して、国家の教育内容への介入については「抑制的であるべき」とした。しかし、家永教科書裁判が終結した九七年は新たな歴史教科書攻撃の開始の年でもあった。この年の一月、当時発行されていた歴史教科書を「自虐史観」と攻撃する「新しい歴史教科書をつくる会」が設立され、五月には改憲を主張し、南京大虐殺や「慰安婦」記述のある教科書を攻撃する「日本会議」が発足した。

こうした歴史修正主義が台頭するなかで、二〇一四年に文部科学省は教科書検定基準を改定し、近現代史で通説的な見解のない数字などはそのことを明示すること、政府の統一的見解がある場合はそれにもとづいた記述をすることなどが追加された。政府の見解によって教科書を書き換えさせることが可能になったのである。この検定基準のもとではじめて実施された中学校教科書検定では、竹島と尖閣諸島は「日本固有の領土」と記され、関東大震災の際に殺害された朝鮮人の数は「通説はない」と修正された。韓国の「慰安婦」被害者の証言は削除され、「軍や官憲によるいわゆる強制連行を直接示すような資料は発見されていない」との政府見解が書き加えられた。現在もなお、執拗な教科書攻撃がつづいている。家永三郎が言うように「教科書を通して魂ぐるみ丸がかえに」国民を統制できるからである。

(3)「日の丸・君が代」強制と教育基本法「改正」

文部省は一九五八年に小・中学校の学習指導要領を官報に告示し、法的拘束力があることを主張した。その学習指導要領の「学校行事等」のなかで「国旗を掲揚し、君が代をせい唱させることが望ましい」と「日の丸・君が代」の扱いについてはじめて明記した。しかし「日の丸・君が代」には法的な根拠がなく、教員にも戦前の教育の復活への抵抗感があり、学校現場への強制や義務化はできなかった。

この状況が一変するのは、一九九九年八月一三日に制定された国旗・国歌法であった。国旗・国歌法は「国旗は、日章旗とする」「国歌は、君が代とする」という内容を定めただけで、国会での法案審議の際にも「政府としては、法制化に当たり、国旗の掲揚等に関し義務付けを行うようなことは、考えていない」との政府答弁が繰り返された。この法律によって教職員に対して起立・斉唱義務を課すことにはならなかったが、「日の丸・君が代」が法的に認知されたことが、その後の教職員への強制の後押しとなった。

二〇〇三年一〇月二三日、東京都教育委員会は都立学校の校長に対して卒業式、入学式等での「日の丸・君が代」強制の通達（「一〇・二三通達」）と実施指針を発出した。教職員は会場の指定された席で国旗に向かって起立し、国歌を斉唱することが強制され、校長の職務命令に従わない場合は服務上の責任を問われることになった。実際に多くの教職員が処分されるという異常な状況となった。

教職員は処分撤回を求めて人事委員会審理や裁判闘争を展開した。その一つである予防訴訟（国歌斉唱義務不存在確認等請求訴訟）は、四〇〇人を超える都立学校の教職員が原告となって学校行事において国歌斉唱義務がないことの確認を求める大型裁判となった。予防訴訟の弁護団長は、旭川学力テスト裁判、家永教科書裁判を担当した尾山宏弁護士であった。

二〇〇六年九月二一日、東京地裁は「一〇・二三通達」と校長の職務命令は憲法一九条の思想・良心の自由に違反し、教育基本法一〇条の「不当な支配」にあたるとの判決を出した。法廷は歓声と拍手に包まれた。尾山宏弁護団長は記者会見で、この判決は旭川学テ裁判の最高裁判決の理論に忠実な判断を示したものであり、家永教科書裁判の「杉本判決」に匹敵するものだと述べた。東京都では、現在まで延べ四八〇人を超える教職員が処分され、今なお裁判闘争がつづいている。

予防訴訟の違憲・違法判決が出された三か月後の二〇〇六年一二月一五日、教育基本法改悪反対の声が高まるなか、第一次安倍晋三政権のもとで教育基本法が「改正」された。「改正」教育基本法は二条に「教育の目標」を設け、そこに「伝統と文化を尊重」「我が国と郷土を愛する」という愛国心条項をもり込んだ。一〇条の「教育行政」は一六条に変わり、「教育は、不当な支配に服することなく」は残ったが、「国民全体に対し直接に責任を負つて」がなくなり、「この法律及び他の法律の定めるところにより」という文言が入った。これによって、法律の根拠さえあれば、政治が教育に対して無制限に介入することが可能となったのである。

教育基本法「改正」の影響は大きかった。二〇〇七年には四三年ぶりに全国学力テストが復活し、一四年には教育委員会制度を変更し、首長が任命する教育長に権限を集中させた。戦後、教育勅語と「修身」は廃止されたが、教育勅語を肯定・擁護する動きが強まり、「教材として用いることまでは否定されることではない」との閣議決定がなされた。道徳教育復活の動きも絶えることがなく、「特別の教科　道徳」が小学校で一八年度から、中学校で一九年度から全面実施となった。国家が家庭教育に介入する家庭教育支援条例も全国の自治体で制定されている。

大阪では大阪維新の会が主導する教育改革がはじまった。二〇一一年の国旗国歌条例（君が代条例）は国歌斉唱時の起立・斉唱を義務づけ、斉唱を見定めるために教職員の「口元チェック」までおこなわれた。翌一二年には、大阪府の教育行政基本条例、府立学校条例、職員基本条例が制定された。教育行政基本条例の前文には、教育行政を推進するために「選挙を通じて民意を代表する議会及び首長と教育委員会及び学校組織とが、法令に従って、ともに役割を担い、協力し、補完し合うことが必要」とあり、議会や知事による政治主導の教育行政となった。府立学校条例には、三年連続で定員割れし改善の見込みがない府立学校は「再編整備の対象とする」ことが書き込まれた。再編整備のなかに統廃合があることはいうまでもない。職員基本条例では、人事評価の結果を任用や給与に反映させて相対評価での教職員のランクづけがなされている。さらに、中学生を対象にした独自の学力テストを導入して高校入試の内申点に反映させたり、小・中学校に学校選択制を導入したりする政策がトップダウンで進められている。

（4）学術会議会員任命拒否事件

二〇二〇年一〇月、菅義偉政権は日本学術会議から新会員として推薦を受けた一〇五人のうち六人の任命を拒否した。日本学術会議は科学と学問が戦争政策に協力した反省に立って、一九四九年に政府から独立した「特別の機関」として設立された。政府・社会に対して科学者の意見を直接提言する日本を代表するアカデミーである。任命拒否という前代未聞の権力介入事件に対して、一〇〇〇を超える学会が反対声明を公表した。上代文学会の代表理事の品田悦一《よしかず》東京大学大学院教授は、声明を出すにあたって「目下の状況がこの滝川事件当時と二重写しに見える。政権が学問にあからさまに干渉し、学者たちが敢然抵抗している構図は、酷似するとさえ評せるだろう」と述べている（人文社会系学協会連合連絡会編『私たちは学術会議の任命拒否問題に抗議する』論創社、二〇二一年）。

なぜ六人の会員候補の任命が拒否されたのかは、いまだ明らかにされていない。時の権力者が国家の意向にそわない学者・研究者を排除し、なぜ排除されたのかその理由が当事者にわからないのは戦前の滝川事件と同じである。それゆえ、学術会議任命拒否事件は学問の自由のみならず民主主義の危機であり、国際社会における日本のアカデミズムの信頼性を著しく損なうものになっている。

任命拒否された加藤陽子東京大学大学院教授（歴史学）は、最初の三か月の攻防で学術会議の存在を無力化するとの政権の思惑を初動で止めることができたのは「第二次世界大戦の惨禍の経験を日本社会が覚えていたから」だと述べている（加藤陽子「歴史学の視点から」『地平』二〇二四年一〇月号）。同じく任命拒否された岡田正則早稲田大学大学院教授（行政法）は、「学術を政治に従属させることによって戦争に突き進んでいった」歴史の反省に立って軍事目的のために科学研究をおこなわないことを確認した学術会議の三回の声明は「戦後日本の学術の立脚点」であり、任命拒否はその歴史的意義を否定することにつながると指摘している（芦名定道ほか『学問と政治――学術会議任命拒否問題とは何か』岩波新書、二〇二二年）。

二〇二三年六月、政府は学術会議を「国から独立した法人とする」ことを閣議決定し、「日本学術会議の在り方に関する有識者懇談会」を設置した。翌二四年一二月、有識者懇談会は学術会議の法人化の制度改革を進める最終報告を発表した。しかし発端となった六人の会員候補の任命拒否問題の原因究明がなく、法人化によって学術会議の独立性、自主性が損なわれ、政府による介入がいっそう強まることが懸念されている。

治安維持法制定から一〇〇年にあたる二〇二五年、学問の自由と教育の自由は不可分一体のものであり、国家権力によって侵害された歴史をふまえて日本国憲法のなかに「学問の自由」、教育基本法に「教育の自由」が規定されたことをあらためて想起したい。

参考文献

家永教科書訴訟弁護団編『家永教科書裁判――三二年にわたる弁護団活動の総括』日本評論社、一九九八年
尾山宏監修、北海道教職員組合・学テ裁判弁護団編著『市民のための教育を――学テの経験に照らして』日本評論社、二〇〇二年
斉加尚代・毎日放送映像取材班『教育と愛国――誰が教室を窒息させるのか』岩波書店、二〇一九年
澤藤統一郎『「日の丸・君が代」を強制してはならない――都教委通達違憲判決の意義』岩波ブックレット、二〇〇六年
俵義文『戦後教科書運動史』平凡社新書、二〇二〇年
堀尾輝久『新版　教育の自由と権利』青木書店、二〇〇二年

第4章　治安維持法はどう教えられているか

1 平和に向けて教員と生徒はどう語り合うか
——治安維持法に関するある議論から

内田　一樹

(1) 授業計画と生徒の様子

本報告は高校一年生、三三人クラスでおこなった治安維持法に関する授業である。本授業に入る前に、大正デモクラシー、および大正自由教育運動を扱った。そして、大正デモクラシーの一つの結実としての男子普通選挙法と、同時に制定された治安維持法について扱った。授業の展開としては、「なぜ男子普通選挙法と治安維持法が同時に制定されたのか」という問いからはじめ、一九二八年の治安維持法の改定によって最高刑が死刑となったことや、特高による取締りがおこなわれ多数の逮捕者、獄中死者が出たこと（とくに小林多喜二の拷問死について郁達夫「小林の殺害のために日本警視庁に檄す」荻野富士夫編『小林多喜二の手紙』岩波文庫、二〇〇九年）を説明した。そしてこの思想統制によって、日本が戦争（日中戦争、アジア太平洋戦争）に向かう流れを止められなかった要因（反戦や平和を訴えることを妨げた、あるいはそうした意見をもつ人びとを社会から排除する役割を治安維持法が果たした）が形成されたことを説明した。最後に「自分だったら、治安維持法で捕まった場合、考え方を変えるか変えないか」という問いを投げかけて次の授業へ進む授業計画であった。

生徒たちは「自分だったら治安維持法で捕まった場合、考え方を変えるか変えないか」の問いについて、旺盛に議論をおこなった。変えない派の生徒からは、「捕まった時点で意見を変えない覚悟があったのではないか」という意見や「表向きは変えるけれど本心では変えない」という意見が出た。一方で変える派の生徒からは「社会を変えるよりも自分の命を優先したい」という意見や「命のほうが大事だから変えたフリをするけれど自分の子どもにはそれを伝えたい」という意見が出た。こうして議論するなかで、「自らの主張を表面上は変えるけれど、本心のところでは変えない」という意見が複数生徒からあがってきた。双方の考えの折衷案のような意見である。例年どのクラスにおいても議論が収束に向かうことが多かったので、このときも同じように議論がこのまま終わるかな、と考えていた。

しかしこのクラスでは違った。それは意見を変える派の「本気で自分の意見を変える」と主張していた生徒Aの反論からだった。Aは変えるフリをするという他の生徒たちに次のように投げかけた。「変えるフリをするというのは、この問いに対する本質的な答えになっていないのではないか。変えることは生であり、変えないということは死もありうる。そもそも国の特別警察のマークがあるにもかかわらず、変えるフリをすることはできるのか。バレたら捕まって死ぬかもしれない。それにそもそも一生変えるフリをして生きつづけるとしたら、それは自分の意見を変えてないと言えるのか」、変えるフリをすると言っていた生徒たちは「一生だましつづける」「自分の本心を隠しつづける」と反論をしたが、「それでは自分の意見を変えたということになるのではないか」とAからさらに投げ

生徒Bが授業でとっていた社会科ノート

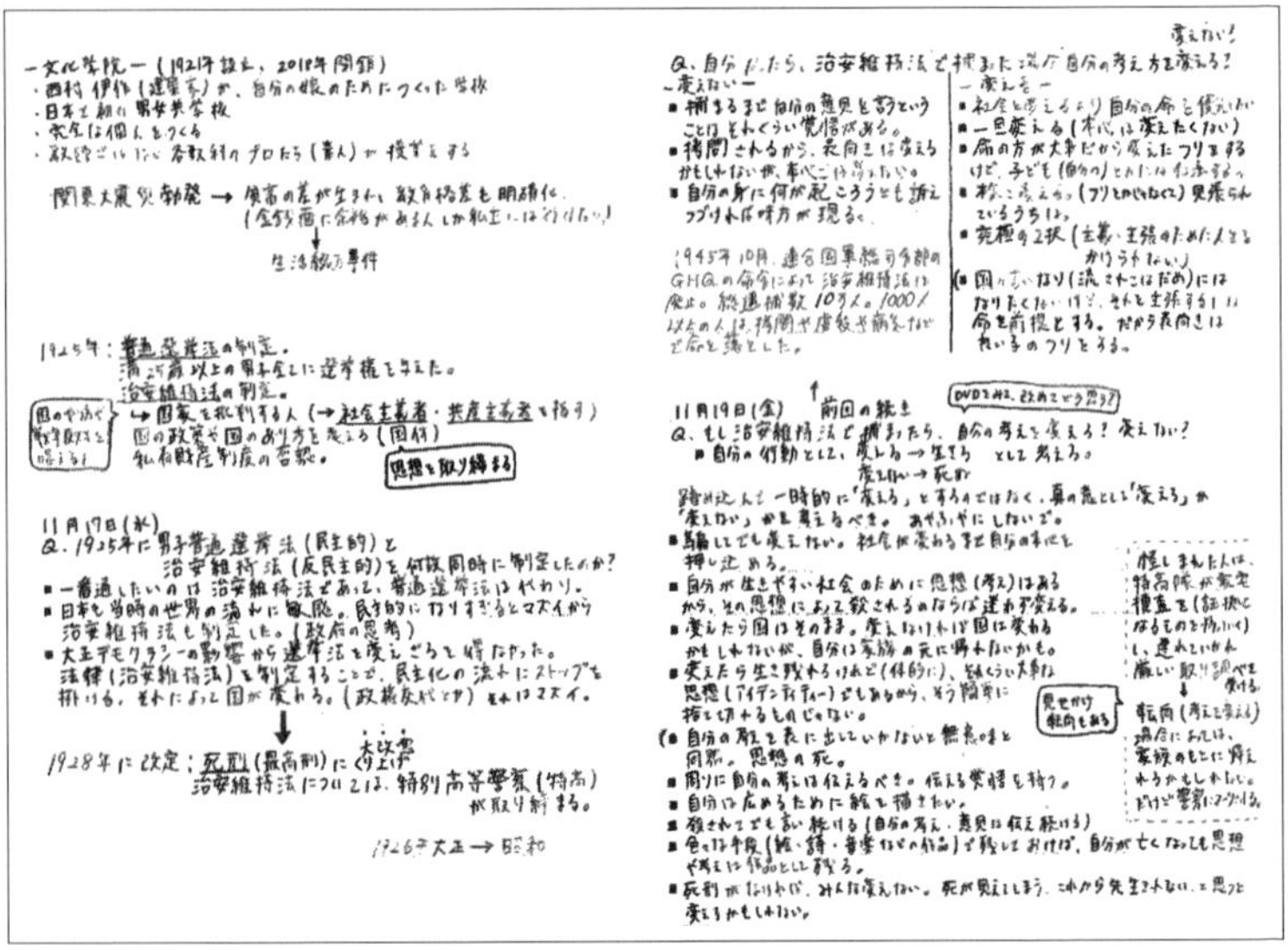

返されると、うーんと考え込んでしまった。議論がそのあたりまで進んだところで授業終了の時間となった。

授業終了後、Aが数人の生徒とともに私のところへやってきた。そして私に「もっとこの問いについて議論がしたい。みんなの意見が聞きたい」と伝えた。どうしてそう思うのかを聞き返すと、「本質的な議論をしたい」、すなわち自分の命がかかっていることをふまえて主張を変える=生、変えない=死という認識をもって、もっとみんなで話し合いたい、ということだった。

そして一日おいて、二時間通しの九〇分授業において議論のつづきをおこなうこととした。しかしただ議論のつづきをするのではなく、「本質的な議論をしたい」という生徒Aの声を受けて、よりイメージを膨らませてもらうための説明や資料を入れることとした。授業の最初に二〇〇八年公開の山田洋次監督の映画『母べえ』の冒頭のシーンを鑑賞した。ごく普通の一家にある日、特高が入り込んできて父親を逮捕して連れて行く。父親はドイツ文学者で反戦思想をもっていた。残された家族は父親の帰りを待つ、というシーンである。その後「転向」について説明し、自らの主張を変えた人びとがその後どのように生きたのかの事例をいくつか紹介した。意見を変える、変えないが自分だけではなく、まわりの家族や友人など大事な人たちもいるなかでの決断になることを説明し、あらためて議論した。生徒たちは前時以上に意見を交わし、前時では発言をしなかった生徒たちも自分の意見を発言した。右図はそのときに生徒Bがとっていた社会科ノートである。そしてお互いに意見を出し合って六〇分ほどたったところで、Aが私に質問をした。「うっちーはどうするの？　どういう意見をもっているの？」

（2）授業を通して感じたこと

この授業は私にとっては授業計画にもとづいておこなったものではなく、Aの発言、そして同じ意見をもつ複数の生徒の要求からはじまった。この授業の目的は治安維持法という思想良心の自由を侵す悪法の恐ろしさと、その悪法がのちの最悪の戦争に果たした役割とをつなげることにあった。そのためAが「もっと議論がしたい」と伝えてきたとき、次回も議論をつづけるか私は逡巡した。主張を変えるか変えないか、生徒たちが自分の生死を互いに迫り合う議論をつづけることに対する不安も私のなかにはあった。一方で例年、治安維持法にかかわって意見を変えるか、変えないかを個人の問題としてとらえている意見が多かったようにも感じていた。そこで議論を広げる際に治安維持法で捕まった人の家族のことや転向した人、しなかった人たちの経緯やその後にまつわる資料を提示した。生徒たちに生と死を考えるときに、命を自分だけのものととらえてほしくなかったからである。治安維持法による苦しみは逮捕された本人だけのものではなく、その家族やまわりの人たちの苦しみにもつながっていた。治安維持法によって生まれた苦しみに対する理解、共感を議論の視点としたかった。つづきの議論がはじまると、はじめはおずおずとしていた生徒たちであったが、やがてどんどん意見が出てきた。議論が広がり、お互いの意見の往還のなかで、考えが変容していく生徒もいた。そしていろいろな意見が出尽くしたかというところで、私の意見を問われた。教えるのではなく、問いに対する意見を伝えてほしいという思い。私は「矛盾していて申し訳ないけれど、みんなには意見を変えてでも生きてほしい。でも自分はまわりには申し訳ないと思いつつ、変えないと思う」と伝えた。

年度末に本学園では評価表というレポート課題を提出する。生徒一人ひとりがいくつかの課題や問いに対して意見を書き、自らの学びを振り返るというものだ。そのクラスの多くの生徒が印象に残った内容として、このときの議論のことを書いていた。最初は変わらないと思っていた自分の意見が議論を通して考えるなかで変わっていったことへの驚きやみんなの考えを知ることができたことへの喜びなどだった。そのなかにいくつか私の意見に対するコメントもあり、議論の最後に意見を伝えてくれたことが一緒に考えているようでうれしかったということが書かれていた。

（3）平和に向けて教員と生徒はどう語り合うか

哲学者でフランスの歴史教育に携わるフォルジュは、二一世紀の子どもたちにナチスの収容所やショアー（ホロコースト）の教育をおこなうなかで、「事実や感動や共感共苦《コンパッション》とともに価値」、すなわち「すべての人間存在は同じ本質的価値を持って」いることも伝えなくてはならず、そうしたときに「道徳・公民教育は、もはや歴史の授業と分けることができない」（ジャン＝F・フォルジュ『21世紀の子どもたちに、アウシュヴィッツをいかに教えるか？』高橋武智訳、高橋哲哉解説、作品社、二〇〇〇年、二二一－二二三頁）と指摘した。今回の議論の時間は生徒Aの言葉からさらに深化して、治安維持法によって自分の生き方を変えられるかどうか、まさに生き方にかかわる議論の時間となった。だからこそ生徒たちはこれほど「苦しい」決断を迫る治安維持法は許されないのだと感じていたように思う。

生き方や自らの価値観にも迫る問いは「道徳」的、「公民」的になるかもしれない限界性をふまえつつ、一方で教員と生徒が同じ時代、社会をつくる一人の人間としてフラットな目線で一緒に語り合う空間にもつながっていると考えられる。だからこそ「矛盾している」と前置きしつつ、率直に私も意見を伝えることができた。教員が教えるのではなく、ともに考えることで、一緒に平和への気づきや感覚を得る。一緒に授業のなかで語り合うことが、実は歴史の忘却に抗し、平和を希求していくことなのではないだろうか。

2 絵を描いただけで罪になるのか？

――治安維持法の変遷に注目して

伊藤　和彦

（1）授業のねらい

日本史の授業においては、治安維持法は普選運動のなかで学ぶことが多いので、どのようにして男子普通選挙が実現したのかということを中心に学び、それとともに治安維持法が成立したことも学ぶ。しかし、一度成立した治安維持法の影響力は大きく、一九三〇から四〇年代半ばにかけて戦争反対の声を押しつぶし、満洲事変や日中戦争、アジア太平洋戦争を下支えした。

アジア太平洋戦争の学習のポイントとして、歴史教育者協議会を中心に「加害」「被害」「加担」「抵抗」を取り上げた授業実践が積み重ねられてきた。治安維持法は、人びとの戦争への「抵抗」を抑圧するとともに、人びとを戦争に「加担」させた法である。その点で治安維持法を中心において学ぶことは重要であろう。

本授業（学校設定科目、三単位、五五分授業）は、日本社会がデモクラシーから戦争を推し進める社会に転換した時期を考えることによって、治安維持法が果たした役割や意味を考えさせようとしたものである。

（2）授業実践――二〇二四年度高校三年「日本史研究」

導入　旭川・生活図画事件（一九四一年）

生徒にこの事件にかかわる絵画を二点提示し、これらの絵にタイトル、あるいはどんな場面を表現したものかをプリントに記入するよう指示した。どんなタイトルをつけたのか、近隣の生徒と意見交換をおこない、発表させた。実際のタイトルについてはその場で回答し（図1『レコードコンサート』一九四〇年、図2『雪上作業』一九三九年）、つづいて「戦前、この絵を描いたことで逮捕された人がいます。どちらの絵を描いた人でしょう？」と生徒に投

図1　松本五郎さんの絵

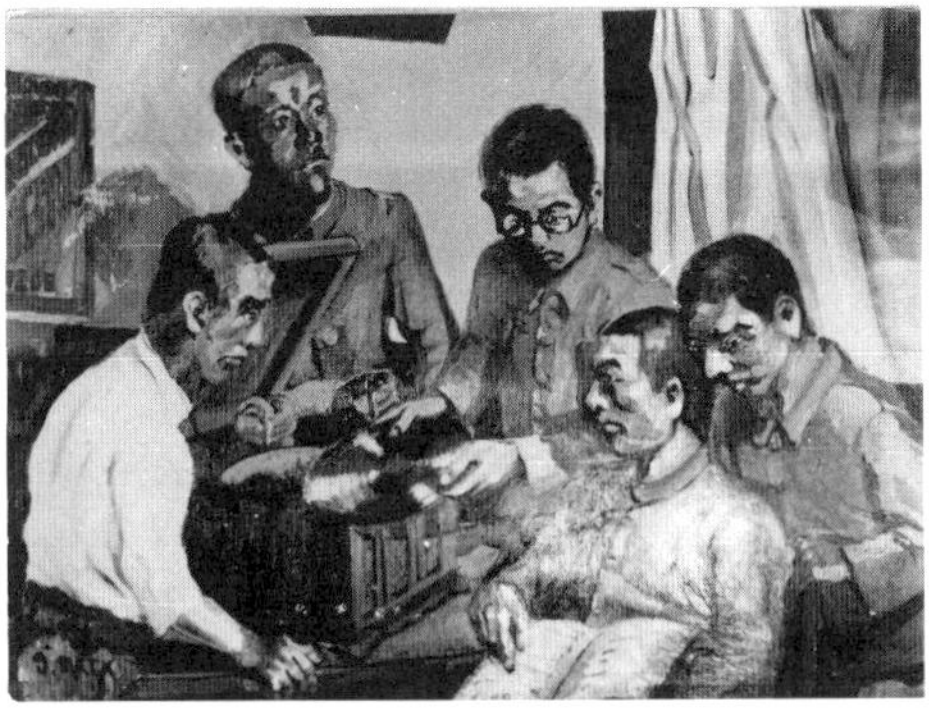

出典：『旭師美術部作品アルバム第2集』

図2　小学校教師・松浦雄作さんが学生時代に描いた絵

出典：『旭師美術部作品アルバム第2集』

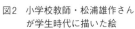

げかけ、授業をはじめた。

展開① なぜ多くの教師や学生たちが逮捕されたのだろうか？

生徒には、絵を描いた人は治安維持法に違反しているという理由で逮捕されたことだけを伝えた。そこでまず、一九二五年に成立した、全七条の治安維持法について資料（第一条）で確認した。資料は、必ずペアで音読するようにしている。ここで治安維持法は、「国体の変革」や「私有財産制度の否認」を目的とする結社を規制するもので、つまるところ共産主義運動や無政府主義を取り締まるための法律であることを確認した。

展開② 治安維持法の制定過程でどのような議論がなされたのだろうか？

次に、なぜ治安維持法が求められたのかを簡単に講義した。一つは一九一七年のロシア革命、もう一つは一八年の米騒動をはじめとした民衆による運動の高揚である。これらに対応するために政府は、二二年、過激社会運動取締法案を提出したが、これは研究者や大新聞などメディアの激しい反対運動にあい廃案に追い込まれた。条文中に曖昧な文言が多かったからである。しかし二三年、関東大震災を機に緊急勅令で「治安維持令」が公布され、二五年には日ソ基本条約を締結、そして男子普通選挙法も成立した。こうしたなかで治安維持法も成立したのである。

では、治安維持法案に対して帝国議会でどのような議論がなされたのか。ここで、生徒に「第50回

帝国議会　衆議院議事速記録」(奥平康弘編『現代史資料45　治安維持法』みすず書房、一九七三年、五一―六五頁)の一部を提示し、ペアで音読させた。

この資料の若槻礼次郎内相の答弁から、治安維持法は、過激社会運動取締法案とは異なり、取締りの対象が限定されており、一般人は対象外であること、学問の自由は侵さないことなどを生徒に読み取ってもらいたいと思い、提示した。そのほか、当時の新聞資料から、治安維持法は「伝家の宝刀」にすぎず、社会運動は抑圧されないという見解を警視庁幹部が示したということも紹介した。

一九二八年、男子普通選挙法にもとづく最初の総選挙がおこなわれると、無産政党から八人の当選者を出した。また、共産党が君主制廃止などを掲げて公然と活動しはじめたため、全国で共産党員を検挙し、最高刑に死刑、目的遂行罪を導入するといった治安維持法の改正をおこなった。

展開③　治安維持法は日本社会をどう変えたのだろうか？

まず、「日本国内における治安維持法による検挙者数」を表したグラフ(『証言　治安維持法』四一頁)を生徒に示し、疑問点を出させた。「一九三一年から三三年まで一万人を超える検挙者がいるがなぜか」「一九三四年に急減しているのはなぜか」などの疑問が出てきたので(第1章表1参照)、三一年に満洲事変があったこと、三三年にはプロレタリア文学『蟹工船』の作者である小林多喜二が虐殺されたこと、思想検事による転向政策が推し進められたことなどを紹介した。

そして一九三五年には、治安維持法が対象としていた共産党が事実上壊滅したことを学んだうえで、さらにグラフから疑問点を出させた。生徒からは「一九三五年以降も、治安維持法による検挙者がいるのはなぜか」という問いが出てきたので、大内兵衛・有沢広巳・美濃部亮吉らが検挙された人民戦線事件を紹介し、その後、普通の人びとの普通の生活までも取締りの対象となったことを学んだ。そのなかで冒頭で取り上げた「旭川・生活図画事件」(第2章6参照)に戻って、「導入」で提起した問いにも答えた(二人とも逮捕された)。

たび重なる治安維持法の拡大解釈の末に、一九四一年、治安維持法は再改正された。もともと全七条しかない法律だったが、全六五条にまで増え、予防拘禁も導入された。

まとめ　日本社会が戦争を推し進める社会に変わった転換点はどこだったのだろうか?

「歴史総合」の資料集(浜島書店)に掲載されていた次の資料を生徒に提示した。

ナチ党が共産主義者を攻撃したとき、私は自分が多少不安だったが、共産主義者ではなかったから何もしなかった。/ついでナチ党は社会主義者を攻撃した。私は前よりも不安だったが、社会主義者ではなかったから何もしなかった。/ついで学校が、新聞が、ユダヤ人等々が攻撃された。私はずっと不安だったが、まだ何もしなかった。/ナチ党はついに教会を攻撃した。私は牧師だったから行動した――しかし、それは遅すぎた。

(ミルトン・マイヤー『彼らは自由だと思っていた――元ナチ党員十人の思想と行動』田中浩・金井和子訳、未

来社、一九八三年）

これを読ませたうえで、授業の最後に「日本社会の転換点はいつだったと思いますか」と生徒に問いかけ、その理由とともに書かせ、短い時間だったが生徒どうしの意見の交流をおこなった。

（3）生徒の意見

生徒の主な意見を簡単に紹介したい。紙幅の都合で、生徒の意見は要約である。

【一九二五年】早期対処が必要だと思ったから／過激社会運動取締法と同じくらい反発すべき。
【一九二八年】ここから検挙者数が増加しており、人びとは言論・表現など自由を失ったから。
【一九三四年】共産党はほぼ壊滅したのに何かと共産主義に結び付けて人びとから自由を奪ったから。

右記以外に、関東大震災の混乱に乗じ緊急勅令で「治安維持令」が出された【一九二三年】などの意見もあったが、最も多かったのが、二五年の治安維持法成立の時点ではなく、二八年の改正時であった。生徒は帝国議会での政府の説明を信用したからであろう。しかし、実際には二八年以降六年間で検挙者中の共産党員はわずか三・四％にすぎず（『証言　治安維持法』八二頁）、法解釈は現実に合わせどんどん拡大していった。こうした事実や二二年に廃案になった過激社会運動取締法案をもう少していねいに扱ってもよかったかもしれない。

（4）成果と今後の課題

治安維持法を軸に、一九二〇年代から四〇年代半ばにかけて日本社会がどう変化したのかを学ぶことができ、治安維持法が果たした役割を生徒は自ら見出せたように思う。また、「今の日本国憲法で表現の自由が保障されているのも、このような背景があったことを学んだ」という日本国憲法にふれた意見も見られた。その一方で、本授業では科目の性質上、日本国内のみを取り上げ、植民地での治安維持法の適用については扱わなかった。新科目「歴史総合」での実践も今後の課題としたい。

近年、治安維持法が話題となったのは、二〇一七年に「共謀罪」法案が審議されたときである。そのときの国会審議でも、「従前の共謀罪とは別物。一般の方々が対象になることはありえない」という治安維持法と同じような答弁が繰り返され、当時、反対の声があがった。この点についても授業ではふれることはできなかったが、授業を通じて現代的な諸課題を批判的にみる目も育んでいきたい。

参考文献
安保邦彦『旭川・生活図画事件――治安維持法下、無実の罪の物語』花伝社、二〇二二年
ＮＨＫ「ＥＴＶ特集」取材班著・荻野富士夫監修『証言　治安維持法――「検挙者10万人の記録」が明かす真実』ＮＨＫ出版新書、二〇一九年
奥平康弘『治安維持法小史』岩波現代文庫、二〇〇六年

3 治安維持法は教科書にどのように記述されているか

河合　美喜夫

治安維持法は歴史教科書にどのように記述されているのだろうか。教科書は学習指導要領にそって作成されるが、小学校の「社会」、中学校の「歴史」、高等学校の「歴史総合」「日本史探究」の学習指導要領およびその「解説」には「治安維持法」という言葉はない。治安維持法は学習指導要領にはないが、小・中学校、高等学校のほとんどの歴史教科書に登場している。

（1）小学校六年「社会」の教科書

二〇二四年度使用（二三年検定済）の小学校六年「社会」の教科書は三社、三点ある（二〇三頁参照）。そのうち二点で「治安維持法」という言葉が使われている。教育出版は「普通選挙を求める運動も全国各地で高まり、1925年、25才以上の男性すべてに選挙権が認められました。しかし、女性の選挙権は認められませんでした」のあとに、「一方、政府は、治安維持法をつくって、政治や社会のしくみを変えようとする動きを取りしまりました」と記述している。

日本文教出版は、普通選挙のあとに「そのいっぽう、政府は、政治や社会のしくみを変えようとする運動や思想を厳しく取りしまる法律（治安維持法）をつくって、社会運動をおさえようとしました」

と記述し、「運動」だけでなく「思想」(考え)まで治安維持法の対象になったとしている。また、「社会運動」という言葉を使い、注記で「このころの社会運動には、労働運動、農民運動、女性運動、普通選挙運動、社会主義運動、差別をなくす運動がありました」と説明している。

東京書籍には、本文に治安維持法という言葉はない。しかし、本文の「人々の民主主義への意識は高まり、普通選挙を求める運動が広く展開された」について、注記として「民主主義」があり、そこには「教育が広まり、生活が豊かになってくると、人々の民主主義への意識が高まり、社会的な権利を主張する動きがさかんになりました。政府は、こうした動きを警戒し、運動を取りしまるための法律を定めました」とある。ここにある「運動を取りしまるための法律」が治安維持法であることは言うまでもない。なお、東京書籍が一〇年前に発行した二〇一四年検定済の教科書には、同じく「民主主義」の注記があるが、そこには「政府は、こうした動きを警戒し、運動を取りしまるための法律を定めました」という文言はない。

小学校六年「社会」の教科書は、どれも第一次世界大戦後に生活や社会が変化し、民主主義の考え方の広まりとともに、よりよく生きる権利を求めて人びとが社会運動を進めたが、それを取り締まる法律(治安維持法)がつくられ、社会運動が抑えられたという内容になっている。ただし、治安維持法によって多くの人が過酷な弾圧を受けたことや、戦後、治安維持法が廃止されたことについての記述はない。

(2) 中学校の「歴史」教科書

二〇二四年度使用の中学校「歴史」教科書は八社、八点ある。すべての教科書の本文に治安維持法の記述がある（二〇三～二〇六頁参照）。小学校では治安維持法を「政治や社会のしくみを変えようとする動き」を取り締まる法律と説明しているが、中学校では「天皇中心の国のあり方を変革」（教育出版）や「天皇に主権がある国の体制を変えようとした」（帝国書院）、「天皇制の打倒」（山川出版社）、「天皇制を否定する考え」（学び舎）といった表現になっている。より具体的に「天皇」や「天皇制」という言葉を使って当時の「政治や社会のしくみ」を説明している。治安維持法第一条の「国体を変革し」の「国体」という言葉はどの教科書も使っていない。

治安維持法が改定され、最高刑が死刑になったこと（あるいは重い刑罰）を記述する教科書は半数ある。治安維持法が社会運動に適用されたことについては、「後に対象が社会運動全体へと拡大されました」（東京書籍）、「やがて社会運動全体も制約を受けるようになりました」（教育出版）、「改定によって刑罰が強化され、社会運動全般の取り締まりに利用されました」（帝国書院）、「やがて社会運動全般のとりしまりに用いられるようになりました。社会運動は、しだいに制約を受けるようになりました」（日本文教出版）と記述されている。朝鮮・台湾・「満洲国」に治安維持法が適用（運用）されたことについては、どの教科書も言及していない。

そうしたなかで、自由社は「私有財産や皇室を否定する、共産主義者や無政府主義者を取り締まる法律」、育鵬社は「君主制の廃止や私有財産制度の否認などをめざす活動を取りしまる治安維持法」とし、天皇や天皇制という言葉を使わず、社会運動全般に対象が広がったことにも言及していない。自由社、育鵬社は、ともに従来の歴史教科書を「自虐史観」と攻撃する「新しい歴史教科書をつくる会」の系譜にある。二〇二五年度から使用される令和書籍は、本文で「共産主義勢力の革命運動を抑止するため」「革命運動を抑え込む目的」で制定されたと二回繰り返し、「革命運動」を阻止する治安維持法は必要だったと強調する記述内容になっている。また、戦後、治安維持法が廃止されて「かつてのような政党政治が行われるようになりました」とあるが、「かつて」は日本共産党などが弾圧された政治であった。令和書籍は天皇を軸にした「国史」を特徴とする教科書であり、戦前の歴史を肯定するような記述になっている。

学び舎は、一頁半にわたって「山本宣治の人物調べ」を掲載している。治安維持法に反対して刺殺されたことを伝える当時の新聞や「山宣ひとり孤壘《こるい》を守る」の碑文などから、山本宣治の人となりとその頃の政治や社会を調べて、年表やポスターにまとめる治安維持法についての学習内容である。

戦後、治安維持法が廃止されたことは、自由社を除く教科書に記述されている。山川出版社は「GHQにより治安維持法と特別高等警察の廃止、戦前・戦中に国や政府の制度・考えに反対したとして逮捕されていた人たちの釈放が指令された」、日本文教出版は「民主化をおしすすめるためにGHQは、治安維持法を廃止して自由な政治活動を認め、言論の自由を促進した」と記述している。

(3) 高等学校の「歴史総合」教科書

二〇二二年度から必履修科目「歴史総合」が登場した。日本と世界の近現代史を高校生全員が学習する科目であるため、その記述内容が注目された。二一年検定で合格した教科書は七社、一二点ある。その一二点すべてに治安維持法に関する記述がある。四社が複数の教科書を発行しているため、一つの出版社で一点、計七点の教科書の記述内容について検討した（二〇六〜二〇八頁参照）。

七点の教科書を比較すると、本文に治安維持法の記述がないものもあれば、詳細に記述しているものもあり、記述内容に濃淡がある。清水書院は本文に治安維持法の記述がなく、「社会主義革命」の項目で史料として治安維持法第一条を掲載している。山川出版社は治安維持法第一条、二条、四条を史料として掲載し、治安維持法の成立・特高の設置、治安維持法改正・適用範囲の拡大、戦後の治安維持法・特高の三点について詳述している。

治安維持法の説明に、小・中学校にはなかった「国体」という言葉を使う教科書もある。東京書籍は「『国体』は、ここでは天皇制を意味している」、実教出版は「天皇を中心とする秩序である『国体』の変革」と説明している。

治安維持法の適用対象の拡大については、東京書籍には「共産党のみならず、社会主義者や自由主義者などを広範囲に弾圧するために利用された」「『国体』に反する言動をとったとされた人物は、治安維持法によって徹底的に弾圧された」との記述がある。帝国書院には「改定によって処罰が強化され、社会運動全般の取り締まりに利用されていった」、山川出版社には「共産主義に同情的であると判断された者にも適用範囲が広げられ、最高刑は死刑となった」とある。

実教出版は、「三・一運動と朝鮮統治」の項目で「朝鮮人による言論・啓蒙、文化活動を通した民族運動や、社会主義運動も活発化した。日本は、一方でこれらの運動に対して監視を強め、とくに社会主義運動に対しては、治安維持法を朝鮮にも適用してきびしく取り締まった」としている。朝鮮に治安維持法が適用されたことを記述しているのはこの教科書だけである。治安維持法が台湾や「満洲国」に適用されたとする教科書はない。

一方で、明成社は治安維持法の適用が拡大したことにはふれず、本文で「共産主義の過激な活動を取り締まるため、治安維持法を制定した」、コラムで「普通選挙法は、財産がなくても選挙権が得られ、暴力革命をおこさずに政治的発言力が獲得できることから、共産革命への安全弁と考えられた」と記している。当時の共産主義運動を「過激」「暴力革命」といった言葉でとらえている。この教科書は、日中戦争を「日華事変」と呼ぶなど現在の研究をふまえていない記述がある。

治安維持法と普通選挙法が一九二五年という同じ年に制定されたことについては、たんに「同時に制定された」とするのではなく、実教出版が「普通選挙法によって成年男性を国民国家に主体的に参加させるとともに、治安維持法によって国家に従わない者たちを排除する体制がつくられた」と記して、二つの法律の関連性をとらえている。

戦後の治安維持法の廃止については、山川出版社が、ＧＨＱが日本政府に対して治安維持法や特高の廃止、共産党員はじめ政治犯の釈放を指令した「人権指令」によって「天皇に関する自由な議論を奨励した」こと、「1945（昭和20）年末までに治安維持法など言論・思想統制法令や国家総動員法が廃止され、軍隊も廃止された」ことを詳しく説明している。

（4）高等学校の「日本史探究」教科書

「日本史探究」は「歴史総合」を学習したあとに発展的に学習する選択科目と位置づけられている。二〇二二年検定済の「日本史探究」は五社、七点発行されている。治安維持法の条文の史料は一点を除き掲載されている。『詳説日本史』（山川出版社）と『日本史探究』（実教出版）は治安維持法第一条だけでなく改正治安維持法第一条を掲載している。「国体」という言葉は、すべての教科書にある。『日本史探究』（実教出版）は「Key Word」のコーナーで「国体」について「万世一系の天皇に統治される国のあり方を意味する」など詳しく説明している。

治安維持法の適用対象の拡大について、多くの教科書が「人民戦線事件」に言及し、大学、学問、思想への弾圧を取り上げている。『高等学校　日本史探究』（第一学習社）には「東京帝国大学教授（経済学）の矢内原忠雄は、反戦思想を説いたとして辞職に追いこまれ、翌年にかけての人民戦線事件では、大内兵衛・美濃部亮吉（達吉の子）ら経済学者が治安維持法で逮捕された」、『日本史探究』（東京書籍）には「滝川事件、矢内原事件、人民戦線事件など、大学を舞台にした思想・学問への弾圧が行われた」、『日本史探究』（実教出版）には「日中戦争を批判する見解を発表した矢内原忠雄、ファシズムを批判した河合栄治郎らは大学を追われ、日本無産党・労農派グループも検挙された（人民戦線事件）」とある。『精選日本史探究　今につなぐ　未来をえがく』（実教出版）には、治安維持法が「無政府主義者や共産主義者だけでなく、学生運動や植民地朝鮮の独立運動にも適用されていった」とある。高校歴史教科書で治安維持法が朝鮮に適用されたという記述があるのは、この教科書と『詳述歴史総合』（実教出版）だけである。ただし、台湾や「満洲国」にも適用されたという記述はない。治安維持法による宗教弾圧については、『日本史探究』（実教出版）に「不敬罪や治安維持法・宗教団体法などによって、宗教も強い統制を受け」た、とある。

戦後、治安維持法、特高が廃止されたことについては、すべての「日本史探究」の教科書が記述している。GHQが治安維持法や特高の廃止のほか天皇制批判の自由や政治犯の釈放などを指令した「人権指令」に言及する教科書もある。

かつての日本史教科書には「治安維持法反対集会」の写真（『高等学校　日本史B　新訂版』清水書院など）や、戦時下最大の治安維持法事件となった「横浜事件」の記述（『日本史B　新訂版』実教出版）があった。現行の教科書にはそれらがなくなっている。治安維持法の制定に反対する人びとがいたことや京都学連事件、大本教事件、横浜事件などの具体的な弾圧事件を取り上げ、朝鮮だけでなく台湾や「満洲国」にも適用（運用）されたことを明らかにすることによって、治安維持法の実態をより深く理解することができるのではないだろうか。

小学校6年「社会」教科書（2023年検定済）

『新編　新しい社会6　歴史編』東京書籍	『小学社会6』教育出版	『小学社会6年』日本文教出版
（治安維持法の言葉はないが，当時の「民主主義」を説明する以下の記述がある） 　教育が広まり，生活が豊かになってくると，人々の民主主義への意識が高まり，社会的な権利を主張する動きがさかんになりました。政府は，こうした動きを警戒し，運動をとりしまるための法律を定めました。	平塚らいてうは，男性より低くおさえられていた女性の地位の向上を目ざす運動を始めました。〔……〕普通選挙を求める運動も全国各地で高まり，1925年，25歳以上の男性すべてに選挙権が認められました。しかし，女性の選挙権は認められませんでした。 　一方，政府は，治安維持法をつくって，政治や社会のしくみを変えようとする動きを取りしまりました。	さらに，政治は，軍人や役人ではなく，国民の代表である議会によっておこなわれる民主主義であるべきだという主張が広がりました。その結果，政党が中心となった政府ができ，1925（大正14）年には，25歳以上の全ての男子が選挙権をもつことになりました（普通選挙）。 　そのいっぽう，政府は，政治や社会のしくみを変えようとする運動や思想を厳しく取りしまる法律（治安維持法）をつくって，社会運動をおさえようとしました。

中学校社会科「歴史」教科書（2020年検定済，自由社は2021年検定済，令和書籍は2024年検定済）

『新しい社会　歴史』東京書籍	『中学社会　歴史　未来をひらく』教育出版	『社会科　中学生の歴史　日本の歩みと世界の動き』帝国書院
〔……〕また，普通選挙法と同年に，共産主義などを取りしまる治安維持法が制定され，後に対象が社会運動全体へと拡大されました。	一方で政府は，天皇中心の国のあり方を変革したり，私有財産制度を否定したりする運動を取りしまるため，1925年に治安維持法を制定しました。これによ	一方，男子普通選挙が実現した同25年，政府は治安維持法を成立させました。この法律は，天皇に主権がある国の体制を変えようとしたり，私有財産制度

政治の面では，治安維持法が廃止され，政治活動の自由が認められました。	り，共産主義に対する取りしまりが強められ，やがて社会運動全体も制約を受けるようになりました。 〔……〕政府は，治安維持法を改めて最高刑を死刑とし，社会運動の取りしまりを強化しました。 治安維持法などの圧政的な制度は廃止され，政治活動の自由が認められました。	の廃止を主張したりする社会主義の動きに対して，重い刑罰を科するものでした。その後，改定によって刑罰が強化され，社会運動全般の取り締まりに利用されました。 〔……〕労働組合も解散させられ，治安維持法による取り締まりが厳しくなり，自由な言論活動は難しくなりました。 民主化を進めるため，治安維持法などが廃止され，政党の自由な政治活動と20歳以上の男女の普通選挙が認められました。
『中学歴史　日本と世界』山川出版社	『中学社会　歴史的分野』日本文教出版	『新しい歴史教科書』自由社
一方，普通選挙法が成立すると，労働者の政治に対する影響力の増大や共産主義思想の広がりを防ぐため，天皇制の打倒や私有財産制度の否認を目的とする運動を処罰する治安維持法が制定され，特別高等警察（特高）が取りしまりを行った。	また普通選挙法と同時に治安維持法が制定されました。治安維持法は，共産党の活動をとりしまるものでしたが，やがて社会運動全般のとりしまりに用いられるようになりました。社会運動は，しだいに制約を受けるようになりました。 〔……〕また，無産政党が中央および地方	加藤内閣は1925（大正14）年，普通選挙法を成立させました。これによって，納税額による選挙権の制限を廃止し，満25歳以上の男子全員が選挙権を獲得しました。これにより有権者数は一挙に4倍となりました。1928（昭和3）年に第1回の普通選挙が行われ，立憲政友会が第一党となりました。いっぽう，1925年

民主化については、GHQにより治安維持法と特別高等警察の廃止、戦前・戦中に国や政府の制度・考えに反対したとして逮捕されていた人たちの釈放が指令された。	の議会で議席を得るようになり、若い労働者や学生のあいだには共産党の思想的影響力も広まりました。これに対して政府は、共産党を徹底的に弾圧するとともに、治安維持法を改めて、最高刑を死刑にしました。 　一方、民主化をおしすすめるためにGHQは、治安維持法を廃止して自由な政治活動を認め、言論の自由を促進したほか〔……〕	には治安維持法が成立しました。 （注）治安維持法　私有財産や皇室を否定する、共産主義者や無政府主義者を取り締まる法律。同様の法律を、諸外国も制定していました。
『［最新］新しい日本の歴史』育鵬社	『ともに学ぶ人間の歴史』学び舎	『国史教科書　第7版』令和書籍（2024年検定済）市販版参照
一方、ロシア革命の影響で共産主義の思想や運動が知識人や学生のあいだに広がっていきました。ソ連と国交を結んだこともあり、共産主義運動が国内に広がることをおそれた加藤内閣は、1925（大正14）年、君主制の廃止や私有財産制度の否認などをめざす活動を取りしまる治安維持法を制定しました。 　民主化といわれる新しい制度づくりが始められ、政治の面では、治安維持法を	〔……〕ただし、同じ年に、天皇制を否定する考えや、社会主義を取り締まる治安維持法も制定されました。 「歴史を体験する」山本宣治の人物調べ 　しかし、本や雑誌などの出版物は、政府によって検閲が行われ、削除された箇所は××（伏字）であらわされました。治安維持法で取り締まられて裁判にかけられた人は、1933年には1200人を超え	〔……〕日本は、日本共産党を中心とする共産主義勢力の革命運動を抑止するために、大正十四年（一九二五）に治安維持法を制定しました。治安維持法は後に、大戦時の国民統合へと乱用されていくことになりますが、制定当時は革命運動を抑え込む目的がありました。 （注）　治安維持法　普通選挙法と同時期に、国家体制の変革や、私有財産制度を否定する結社や活動を処罰するために治

廃止して政治活動の自由を認め，政党政治が復活しました。	ました。 （注）連合国軍総司令部（GHQ）が日本政府に出した改革の指令（1945年10月） 1　女性の解放 2　秘密警察・治安維持法の廃止 3　教育の自由主義化 4　労働組合の結成を奨励 5　財閥の解体・農地改革	安維持法が定められた。主に共産主義活動を抑圧するために適用され，思想弾圧に用いられた。 政治面では，思想・信教・集会・言論の自由を妨げる法律や政令などがいっさい無効とされ，思想犯保護観察法などが廃止されたほか，特別高等警察などの機関が廃止され，拘束されていた政治犯が釈放されました。治安維持法を廃止し，政治活動の自由が認められ，政党が政治活動を再開したことで，かつてのような政党政治が行われるようになりました。

高等学校「歴史総合」教科書（全12点のうち7点，2021年検定済）

『詳解歴史総合』東京書籍	『詳述歴史総合』実教出版	『私たちの歴史総合』清水書院
〔……〕さらに1925年には男性普通選挙制が導入されたが，共産党結成などの動きをおそれた与党や政府官僚は，それらの運動を厳しく弾圧することを目的とする治安維持法を制定した。この法律はのちに改定されて，共産党のみならず，社	（三・一運動と朝鮮統治） 〔……〕朝鮮人による言論・啓蒙，文化活動を通した民族運動や，社会主義運動も活発化した。日本は，一方でこれらの運動に対して監視を強め，とくに社会主義運動に対しては，治安維持法を朝鮮にも	本文に記述なし

会主義者や自由主義者などを広範囲に弾圧するために利用された。 (注)「国体を変革し，または私有財産制度を否認すること」を目的とする団体の禁止を掲げ，日本共産党およびその支持者がまず弾圧対象となった。「国体」は，ここでは天皇制を意味しているが，国体論がさかんになると，政府とは異なる政治観を持つあらゆる団体，個人が弾圧対象となった。 〔……〕思想や学問，言論への統制が強められ，「国体」に反する言動をとったとされた人物は，治安維持法によって徹底的に弾圧された。	適用してきびしく取り締まった。 同時に，政府は治安維持法を制定した。これは天皇を中心とする秩序である「国体」の変革や私有財産制度の否認を目的とする結社を禁止し，取り締まるための法律であった。背景には，1925年の日ソ基本条約締結によるソ連との国交樹立にともない，社会主義思想が国内に波及することへの強い警戒心があった。 こうして，普通選挙法によって成年男性を国民国家に主体的に参加させるとともに，治安維持法によって国家に従わない者たちを排除する体制がつくられたのである。	『明解　歴史総合』帝国書院 〔……〕一方で，社会主義者への取り締まりを強化する声も強まり，同年に治安維持法も成立させた。その後同法は改定によって刑罰が強化され，社会運動全般の取り締まりに利用されていった。
『歴史総合　近代から現代へ』山川出版社	『高等学校　歴史総合』第一学習社	『私たちの歴史総合』明成社
〔……〕また，普通選挙法と同時に，天皇制や資本主義の否定をはかる者を罰する治安維持法が制定された。事実上共産主義運動を禁じた法律で，拡大解釈の可能性が危惧されたが，同年1月の日ソ基本条約締結で日ソ間の国交が樹立されたこ	〔……〕これにより，納税額による制限は廃止され，25歳以上の男性に選挙権があたえられた。同時に社会主義運動が活発になる事態に備えて治安維持法も制定された。	〔……〕満25歳以上の男性に納税額に関係なく選挙権を与える普通選挙を実現した。これにより有権者数が4倍になり，政治の大衆化が進んだ。また，日ソ基本条約を結び，共産主義の過激な活動を取り締まるため，治安維持法を制定した。

とから，共産主義革命の防止に必要だとして成立した。さらに同法にもとづく取締まりをおこなうため，全国に特別高等警察（特高）が設けられた。 〔……〕そのため，田中内閣は共産党の弾圧に乗り出すとともに，緊急勅令によって6月に治安維持法を改正した。これにより，共産主義に同情的であると判断された者にも適用範囲が広げられ，最高刑は死刑となった。 1945（昭和20）年10月，GHQは日本政府に対し，治安維持法や特別高等警察（特高）の廃止，共産党員はじめ政治犯の即時釈放を指令し（人権指令），天皇に関する自由な議論を奨励した。〔……〕1945（昭和20）年末までに治安維持法など言論・思想統制法令や国家総動員法が廃止され，軍隊も廃止された。		（コラム）　日ソ基本条約と治安維持法 ソ連の成立とコミンテルンの世界革命運動は，世界に大きな衝撃を与えた。社会体制を根底からくつがえす革命運動への警戒感から共産主義を取り締まる法律ができ，各国のソ連の承認は遅れた。 日本は帝政ロシアとのあいだに結んださまざまな協約改定を協議するために交渉が進み，1925（大正14）年1月に日ソ基本条約を締結した。また，革命運動の波及を懸念して治安維持法が準備され，同年3月に治安維持法が制定されることとなった。 時を同じくして制定された普通選挙法は，財産がなくても選挙権が得られ，暴力革命をおこさずに政治的発言力が獲得できることから，共産革命への安全弁と考えられた。 〔……〕これにともなって治安維持法などが廃止され，戦時中に獄中に入れられていた共産主義者ら政治犯3000名が釈放された。

あとがき

一九七六年一月、国会で当時の民社党委員長春日一幸と三木内閣の法務大臣稲葉修により治安維持法肯定・擁護論が展開されたことをきっかけに、大槻健・寒川道夫・井野川潔編『いばらの道をふみこえて――治安維持法と教育』(民衆社、一九七六年)が刊行されました。編者の寒川・井野川をはじめ、本論二〇篇はすべて治安維持法の犠牲となった執筆者によるもので、そのなかには本書第2章に登場する村山ひで、熊田満佐吾《まさご》、窪田弘道、藤原晃も含まれています。戦後三〇年余を経た当時、まだ治安維持法犠牲者は多く存命で、自ら「教育創造の芽をつむもの」(村山)、「現実を認識させるために」(熊田)、「殺して帰すとはなにごとか」(窪田)、「行動力のある人間、そして人間愛と」(藤原)と訴えることができました。

一九二〇年生まれの大槻は「その多くの教師たちの教育に対する考え方、教育実践(運動)のどのような点が弾圧の対象になったのでしょうか。『治安維持法』という権力犯罪によって、なぜ不当な弾圧を受けることになったのでしょうか。子どもを愛し、国民の願いにこたえようとしたがために、それが弾圧の対象になるというこの苛酷な歴史の事実を絶対に忘れてはなりません」と編集意図を語ります。同時に「弾圧はひどかった」ということにとどまらず、「それとどうたたかい、戦後のたたかいへとつなげていったのか、という視点」を盛り込んだとしています。

それから半世紀、そして治安維持法にとっては施行から一〇〇年と敗戦八〇年が経過した時点で編集される本書は、こうした『いばらの道をふみこえて』の意図を継承することになりました。もちろん五〇年という時間の経過は治安維持法を考えるにあたっても大きな変化を生じさせました。ほとんどの治安維持法犠牲者は鬼籍に入り、第2章の各地の事例についてもそれぞれの地域の顕彰運動などにかかわってこられた方々に執筆をお願いすることになりました。また、植民地朝鮮などでの治安維持法の運用実態にふれたのは、戦後の東アジアにおける軍事独裁政権と民主化運動の対峙という現代的課題にかかわってのことです。

戦後三〇年の時点は上記のとおり治安維持法肯定・擁護論の出現でしたが、現代においては治安維持法そのものの再来を憂慮する状況に直面していることが、何よりも大きな変化です。「支配層の多く」は「治安維持法現代版」の施行要求をもっていると見た奥平康弘は、春日・稲葉発言への危機感を一つのバネに『治安維持法小史』(一九七七年、現在は岩波現代文庫〔二〇〇六年〕)を刊行して、「将来の危険な傾向に警鐘」を打ちつづけました。その危惧は本書第3章で見られるように、「特定秘密保護法」・「共謀罪法」に加え、直近では「軍備拡張による違憲状態の常態化」や「経済安保法制」の整備が進み、ますます現実のものとなってきました。それらは治安維持法の機能を実質的に補完する役割を担っていますが、二〇二四年末の韓国の「非常戒厳」発令を眼前にするとき、日本でも「治安維持法現代版」の出現の可能性を予期せざるをえません。日本学術会議会員任命拒否事件は戦前の思想・学問統制の出発点というべき一九三三年の滝川事件を容易に連想させるものでした。

もはや現代は「新しい戦前」の到来を想定する段階を飛びこえて、「新しい戦中」に突入する状況が差し迫っているというべきでしょう。一九三一年の「満洲事変」段階というよりも、三七年の日中戦争全面化の前夜に比定されます。本書が副題を「「新しい戦中」にしないために」としたゆえんです。

歴史教育者協議会も編者となっている本書は、自ずから教育運動や教育実践などに比重がかかることになりました。本書の特徴として、第4章において現代の学校教育からの報告を盛り込んだこともその一つです。自由民権運動や関東大震災などの地域をふまえた授業実践については豊富な蓄積がありますが、治安維持法とその運用をめぐっての実践はまだ少ないことにも気づかされました。本書所収の二つの実践報告と教科書叙述についての新たな知見を手がかりに、小・中・高・大のそれぞれの教室で、創意と工夫に満ちた実践が模索されることを願ってやみません。

限られた字数と時間のなかで、また編集委員会の無理な注文にも応えて執筆してくださった各執筆者の皆さんにお礼を申しあげます。また、全体への目配りと的確な編集により、本書を「治安維持法一〇〇年」にふさわしい内容に引き上げてくださった大月書店編集部の角田三佳さんにお礼を申しあげます。

二〇二五年二月一八日、一〇〇年前、治安維持法案が衆議院に上程された日に

編集委員会

資料　治安維持法と関連法

1　治安維持ノ為ニスル罰則ニ関スル件（治安維持令、一九二三年九月七日）

勅令第四百三号（官報号外）

出版、通信其ノ他何等ノ方法ヲ以テスルヲ問ハス暴行、騒擾其ノ他生命、身体若ハ財産ニ危害ヲ及ホスヘキ犯罪ヲ煽動シ、安寧秩序ヲ紊乱スルノ目的ヲ以テ治安ヲ害スル事項ヲ流布シ又ハ人心ヲ惑乱スルノ目的ヲ以テ流言浮説ヲ為シタル者ハ十年以下ノ懲役若ハ禁錮又ハ三千円以下ノ罰金ニ処ス

附則

本令ハ公布ノ日ヨリ之ヲ施行ス

2　治安維持法（一九二五年四月二二日）

第一条　国体ヲ変革シ又ハ私有財産制度ヲ否認スルコトヲ目的トシテ結社ヲ組織シ又ハ情ヲ知リテ之ニ加入シタル者ハ十年以下ノ懲役又ハ禁錮ニ処ス

前項ノ未遂罪ハ之ヲ罰ス

第二条　前条第一項ノ目的ヲ以テ其ノ目的タル事項ノ実行ニ関シ協議ヲ為シタル者ハ七年以下ノ懲役又ハ禁錮ニ処ス

第三条　第一条第一項ノ目的ヲ以テ其ノ目的タル事項ノ実行ヲ煽動シタル者ハ七年以下ノ懲役又ハ禁錮ニ処ス

第四条　第一条第一項ノ目的ヲ以テ騒擾、暴行其ノ他生命、身体又ハ財産ニ害ヲ加フヘキ犯罪ヲ煽動シタル者ハ十年以下ノ懲役又ハ禁錮ニ処ス

第五条　第一条第一項及前三条ノ罪ヲ犯サシムルコトヲ目的トシテ金品其ノ他ノ財産上ノ利益ヲ供与シ又ハ其ノ申込若ハ約束ヲ為シタル者ハ五年以下ノ懲役又ハ禁錮ニ処ス情ヲ知リテ供与ヲ受ケ又ハ其ノ要求若ハ約束ヲ為シタル者亦同シ

第六条　前五条ノ罪ヲ犯シタル者自首シタルトキハ其ノ刑ヲ減軽又ハ免除ス

第七条　本法ハ何人ヲ問ハス本法施行区域外ニ於テ罪ヲ犯シタル者ニ亦之ヲ適用ス

附則

大正十二年勅令第四百三号ハ之ヲ廃止ス

3　治安維持法改正〔緊急勅令〕（一九二八年六月二九日）

治安維持法中左ノ通改正ス

第一条　国体ヲ変革スルコトヲ目的トシテ結社ヲ組織シタル者又ハ結社ノ役員其ノ他指導者タル任務ニ従事シタル者ハ死刑又ハ無期若ハ五年以上ノ懲役若ハ禁錮ニ処シ情ヲ知リテ結社ニ加入シタル者又ハ結社ノ目的遂行ノ為ニスル行為ヲ為シタル者ハ二年以上ノ有期ノ懲役又ハ禁錮ニ処ス

私有財産制度ヲ否認スルコトヲ目的トシテ結社ヲ組織シタル者、結社ニ加入シタル者又ハ結社ノ目的遂行ノ為ニスル行為ヲ為シタル者ハ十年以下ノ懲役又ハ禁錮ニ処ス

前二項ノ未遂罪ハ之ヲ罰ス

第二条中「前条第一項」ヲ「前条第一項又ハ第二項」ニ改ム

第三条及第四条中「第一条第一項」ヲ「第一条第一項又ハ第二項」ニ改ム

第五条中「第一条第一項及」ヲ「第一条第一項第二項又ハ」ニ改

ム

付則

本令ハ公布ノ日ヨリ之ヲ施行ス

4 新治安維持法（一九四一年三月一〇日）

第一章　罪

第一条　国体ヲ変革スルコトヲ目的トシテ結社ヲ組織シタル者又ハ結社ノ役員其ノ他指導者タル任務ニ従事シタル者ハ死刑又ハ無期若ハ七年以上ノ懲役ニ処シ情ヲ知リテ結社ニ加入シタル者又ハ結社ノ目的遂行ノ為ニスル行為ヲ為シタル者ハ三年以上ノ有期懲役ニ処ス

第二条　前条ノ結社ヲ支援スルコトヲ目的トシテ結社ヲ組織シタル者又ハ結社ノ役員其ノ他指導者タル任務ニ従事シタル者ハ死刑又ハ無期若ハ五年以上ノ懲役ニ処シ情ヲ知リテ結社ニ加入シタル者又ハ結社ノ目的遂行ノ為ニスル行為ヲ為シタル者ハ二年以上ノ有期懲役ニ処ス

第三条　第一条ノ結社ノ組織ヲ準備スルコトヲ目的トシテ結社ヲ組織シタル者又ハ結社ノ役員其ノ他指導者タル任務ニ従事シタル者ハ死刑又ハ無期若ハ五年以上ノ懲役ニ処シ情ヲ知リテ結社ニ加入シタル者又ハ結社ノ目的遂行ノ為ニスル行為ヲ為シタル者ハ二年以上ノ有期懲役ニ処ス

第四条　前三条ノ目的ヲ以テ集団ヲ結成シタル者又ハ集団ヲ指導シタル者ハ無期又ハ三年以上ノ懲役ニ処シ前三条ノ目的ヲ以テ集団ニ参加シタル者又ハ集団ニ関シ前三条ノ目的遂行ノ為ニスル行為ヲ為シタル者ハ一年以上ノ有期懲役ニ処ス

第五条　第一条乃至第三条ノ目的ヲ以テ其ノ目的タル事項ノ実行ニ関シ協議若ハ煽動ヲ為シ又ハ其ノ目的タル事項ヲ宣伝シ其ノ他其ノ目的遂行ノ為ニスル行為ヲ為シタル者ハ一年以上十年以下ノ懲役ニ処ス

第六条　第一条乃至第三条ノ目的ヲ以テ騒擾、暴行其ノ他生命、身体又ハ財産ニ害ヲ加フベキ犯罪ヲ煽動シタル者ハ二年以上ノ有期懲役ニ処ス

第七条　国体ヲ否定シ又ハ神宮若ハ皇室ノ尊厳ヲ冒瀆スベキ事項ヲ流布スルコトヲ目的トシテ結社ヲ組織シタル者又ハ結社ノ役員其ノ他指導者タル任務ニ従事シタル者ハ無期又ハ四年以上ノ懲役ニ処シ情ヲ知リテ結社ニ加入シタル者又ハ結社ノ目的遂行ノ為ニスル行為ヲ為シタル者ハ一年以上ノ有期懲役ニ処ス

第八条　前条ノ目的ヲ以テ集団ヲ結成シタル者又ハ集団ヲ指導シタル者ハ無期又ハ三年以上ノ懲役ニ処シ前条ノ目的ヲ以テ集団ニ参加シタル者又ハ集団ニ関シ前条ノ目的遂行ノ為ニスル行為ヲ為シタル者ハ一年以上ノ有期懲役ニ処ス

第九条　前八条ノ罪ヲ犯サシムルコトヲ目的トシテ金品其ノ他ノ財産上ノ利益ヲ供与シ又ハ其ノ申込若ハ約束ヲ為シタル者ハ十年以下ノ懲役ニ処ス情ヲ知リテ供与ヲ受ケ又ハ其ノ要求若ハ約束ヲ為シタル者亦同ジ

第十条　私有財産制度ヲ否認スルコトヲ目的トシテ結社ヲ組織シタル者又ハ情ヲ知リテ結社ニ加入シタル者若ハ結社ノ目的遂行ノ為ニスル行為ヲ為シタル者ハ十年以下ノ懲役又ハ禁錮ニ処ス

第十一条　前条ノ目的ヲ以テ其ノ目的タル事項ノ実行ニ関シ協議ヲ為シ又ハ其ノ目的タル事項ノ実行ヲ煽動シタル者ハ七年以下ノ懲役又ハ禁錮ニ処ス

第十二条　第十条ノ目的ヲ以テ騒擾、暴行其ノ他生命、身体又ハ

財産ニ害ヲ加フベキ犯罪ヲ煽動シタル者ハ十年以下ノ懲役又ハ禁錮ニ処ス

第十三条　前三条ノ罪ヲ犯サシムルコトヲ目的トシテ金品其ノ他ノ財産上ノ利益ヲ供与シ又ハ其ノ申込若ハ約束ヲ為シタル者ハ五年以下ノ懲役又ハ禁錮ニ処ス情ヲ知リテ供与ヲ受ケ又ハ其ノ要求若ハ約束ヲ為シタル者亦同ジ

第十四条　第一条乃至第四条、第七条、第八条及第十条ノ未遂罪ハ之ヲ罰ス

第十五条　本章ノ罪ヲ犯シタル者自首シタルトキハ其ノ刑ヲ減軽又ハ免除ス

第十六条　本章ノ規定ハ何人ヲ問ハズ本法施行地外ニ於テ罪ヲ犯シタル者ニ亦之ヲ適用ス

第二章　刑事手続

第十七条　本章ノ規定ハ第一章ニ掲グル罪ニ関スル事件ニ付之ヲ適用ス

第十八条　検事ハ被疑者ヲ召喚シ又ハ其ノ召喚ヲ司法警察官ニ命令スルコトヲ得

検事ノ命令ニ因リ司法警察官ノ発スル召喚状ニハ命令ヲ為シタル検事ノ職、氏名及其ノ命令ニ因リ之ヲ発スル旨ヲモ記載スベシ

召喚状ノ送達ニ関スル裁判所書記及執達吏ニ属スル職務ハ司法警察官吏之ヲ行フコトヲ得

第十九条　被疑者正当ノ事由ナクシテ前条ノ規定ニ依ル召喚ニ応ゼズ又ハ刑事訴訟法第八十七条第一項各号ニ規定スル事由アルトキハ検事ハ被疑者ヲ勾引シ又ハ其ノ勾引ヲ他ノ検事ニ嘱託シ若ハ司法警察官ニ命令スルコトヲ得

前条第二項ノ規定ハ検事ノ命令ニ因リ司法警察官ノ発スル勾引状ニ付之ヲ準用ス

第二十条　勾引シタル被疑者ハ指定セラレタル場所ニ引致シタル時ヨリ四十八時間内ニ検事又ハ司法警察官之ヲ訊問スベシ其ノ時間内ニ勾留状ヲ発セザルトキハ検事ハ被疑者ヲ釈放シ又ハ司法警察官ヲシテ之ヲ釈放セシムベシ

第二十一条　刑事訴訟法第八十七条第一項各号ニ規定スル事由アルトキハ検事ハ被疑者ヲ勾留シ又ハ其ノ勾留ヲ司法警察官ニ命令スルコトヲ得

第十八条第二項ノ規定ハ検事ノ命令ニ因リ司法警察官ノ発スル勾留状ニ付之ヲ準用ス

第二十二条　勾留ニ付テハ警察官署又ハ憲兵隊ノ留置場ヲ以テ監獄ニ代用スルコトヲ得

第二十三条　勾留ノ期間ハ二月トス特ニ継続ノ必要アルトキハ地方裁判所検事又ハ区裁判所検事ハ検事長ノ許可ヲ受ケ一月毎ニ勾留ノ期間ヲ更新スルコトヲ得但シ通ジテ一年ヲ超ユルコトヲ得ズ

第二十四条　勾留ノ事由消滅シ其ノ他勾留ヲ継続スルノ必要ナシト思料スルトキハ検事ハ速ニ被疑者ヲ釈放シ又ハ司法警察官ヲシテ之ヲ釈放セシムベシ

第二十五条　検事ハ被疑者ノ住居ヲ制限シテ勾留ノ執行ヲ停止スルコトヲ得

刑事訴訟法第百十九条第一項ニ規定スル事由アル場合ニ於テハ検事ハ勾留ノ執行停止ヲ取消スコトヲ得

第二十六条　検事ハ被疑者ヲ訊問シ又ハ其ノ訊問ヲ司法警察官ニ命令スルコトヲ得

検事ハ公訴提起前ニ限リ証人ヲ訊問シ又ハ其ノ訊問ヲ他ノ検事ニ嘱託シ若ハ司法警察官ニ命令スルコトヲ得

司法警察官検事ノ命令ニ因リ被疑者又ハ証人ヲ訊問シタルトキハ命令ヲ為シタル検事ノ職、氏名及其ノ命令ニ因リ訊問シタル旨ヲ訊問調書ニ記載スベシ

第十八条第二項及第三項ノ規定ハ証人訊問ニ付之ヲ準用ス

第二十七条　検事ハ公訴提起前ニ限リ押収、捜索若ハ検証ヲ為シ又ハ其ノ処分ヲ他ノ検事ニ嘱託シ若ハ司法警察官ニ命令スルコトヲ得

検事ハ公訴提起前ニ限リ鑑定、通訳若ハ翻訳ヲ命ジ又ハ其ノ処分ヲ他ノ検事ニ嘱託シ若ハ司法警察官ニ命令スルコトヲ得

前条第三項ノ規定ハ押収、捜索又ハ検証ノ調書及鑑定人、通事又ハ翻訳人ノ訊問調書ニ付之ヲ準用ス

第十八条第二項及第三項ノ規定ハ鑑定、通訳及翻訳ニ付之ヲ準用ス

第二十八条　刑事訴訟法中被告人ノ召喚、勾引及勾留、被告人及証人ノ訊問、押収、捜索、検証、鑑定、通訳並ニ翻訳ニ関スル規定ハ別段ノ規定アル場合ヲ除クノ外被疑事件ニ付之ヲ準用ス但シ保釈及責付ニ関スル規定ハ此ノ限ニ在ラズ

第二十九条　弁護人ハ司法大臣ノ予メ指定シタル弁護士ノ中ヨリ之ヲ選任スベシ但シ刑事訴訟法第四十条第二項ノ規定ノ適用ヲ妨ゲズ

第三十条　弁護人ノ数ハ被告人一人ニ付二人ヲ超ユルコトヲ得ズ

弁護人ノ選任ハ最初ニ定メタル公判期日ニ係ル召喚状ノ送達ヲ受ケタル日ヨリ十日ヲ経過シタルトキハ之ヲ為スコトヲ得ズ但シ已ムコトヲ得ザル事由アル場合ニ於テ裁判所ノ許可ヲ受ケタルトキハ此ノ限ニ在ラズ

第三十一条　弁護人ハ訴訟ニ関スル書類ノ謄写ヲ為サントスルトキハ裁判長又ハ予審判事ノ許可ヲ受クルコトヲ要ス

弁護人ノ訴訟ニ関スル書類ノ閲覧ハ裁判長又ハ予審判事ノ指定シタル場所ニ於テ之ヲ為スベシ

第三十二条　被告事件公判ニ付セラレタル場合ニ於テ検事必要アリト認ムルトキハ管轄移転ノ請求ヲ為スコトヲ得但シ第一回公判期日ノ指定アリタル後ハ此ノ限ニ在ラズ

前項ノ請求ハ事件ノ繋属スル裁判所及移転先裁判所ニ共通スル直近上級裁判所ニ之ヲ為スベシ

第一項ノ請求アリタルトキハ決定アル迄訴訟手続ヲ停止スベシ

第三十三条　第一章ニ掲グル罪ヲ犯シタルモノト認メタル第一審ノ判決ニ対シテハ控訴ヲ為スコトヲ得ズ

前項ニ規定スル第一審ノ判決ニ対シテハ直接上告ヲ為スコトヲ得

上告ハ刑事訴訟法ニ於テ第二審ノ判決ニ対シ上告ヲ為スコトヲ得ル理由アル場合ニ於テ之ヲ為スコトヲ得

上告裁判所ハ第二審ノ判決ニ対スル上告事件ニ関スル手続ニ依リ裁判ヲ為スベシ

第三十四条　第一章ニ掲グル罪ヲ犯シタルモノト認メタル第一審ノ判決ニ対シ上告アリタル場合ニ於テ上告裁判所同章ニ掲グル罪ヲ犯シタルモノニ非ザルコトヲ疑フニ足ルベキ顕著ナル事由アルモノト認ムルトキハ判決ヲ以テ原判決ヲ破毀シ事件ヲ管轄控訴裁判所ニ移送スベシ

第三十五条　上告裁判所ハ公判期日ノ通知ニ付テハ刑事訴訟法第四百二十二条第一項ノ期間ニ依ラザルコトヲ得

第三十六条　刑事手続ニ付テハ別段ノ規定アル場合ヲ除クノ外一般ノ規定ノ適用アルモノトス

第三十七条　本章ノ規定ハ第二十二条、第二十三条、第二十九条、第三十条第一項、第三十二条、第三十三条及第三十四条ノ規定ヲ除クノ外軍法会議ノ刑事手続ニ付之ヲ準用ス此ノ場合ニ於テ刑事訴訟法第八十七条第一項トアルハ陸軍軍法会議法第百四十三条又ハ海軍軍法会議法第百四十三条、刑事訴訟法第四百二十二条第一項トアルハ陸軍軍法会議法第四百四十四条第一項又ハ海軍軍法会議法第四百四十六条第一項トシ第二十五条第二項中刑事訴訟法第百十九条第一項ニ規定スル事由アル場合ニ於テハトアルハ何時ニテモトス

第三十八条　朝鮮ニ在リテハ本章中司法大臣トアルハ朝鮮総督、検事長トアルハ覆審法院検事長、地方裁判所検事又ハ区裁判所検事トアルハ地方法院検事、刑事訴訟法トアルハ朝鮮刑事令ニ於テ依ルコトヲ定メタル刑事訴訟法トス但シ刑事訴訟法第四百二十二条第一項トアルハ朝鮮刑事令第三十一条トス

第三章　予防拘禁

第三十九条　第一章ニ掲グル罪ヲ犯シ刑ニ処セラレタル者其ノ執行ヲ終リ釈放セラルベキ場合ニ於テ釈放後ニ於テ更ニ同章ニ掲グル罪ヲ犯スノ虞アルコト顕著ナルトキハ裁判所ハ検事ノ請求ニ因リ本人ヲ予防拘禁ニ付スル旨ヲ命ズルコトヲ得

第一章ニ掲グル罪ヲ犯シ刑ニ処セラレ其ノ執行ヲ終リタル者又ハ刑ノ執行猶予ノ言渡ヲ受ケタル者思想犯保護観察法ニ依リ保護観察ニ付セラレ居ル場合ニ於テ保護観察ニ依ルモ同章ニ掲グル罪ヲ犯スノ危険ヲ防止スルコト困難ニシテ更ニ之ヲ犯スノ虞アルコト顕著ナルトキ亦前項ニ同ジ

第四十条　予防拘禁ノ請求ハ本人ノ現在地ヲ管轄スル地方裁判所ノ検事其ノ裁判所ニ之ヲ為スベシ

前項ノ請求ハ保護観察ニ付セラレ居ル者ニ係ルトキハ其ノ保護観察ヲ為ス保護観察所ノ所在地ヲ管轄スル地方裁判所ノ検事其ノ裁判所ニ之ヲ為スコトヲ得

予防拘禁ノ請求ヲ為スニハ予メ予防拘禁委員会ノ意見ヲ求ムルコトヲ要ス

予防拘禁委員会ニ関スル規程ハ勅令ヲ以テ之ヲ定ム

第四十一条　検事ハ予防拘禁ノ請求ヲ為スニ付テハ必要ナル取調ヲ為シ又ハ公務所ニ照会シテ必要ナル事項ノ報告ヲ求ムルコトヲ得

前項ノ取調ヲ為スニ付必要アル場合ニ於テハ司法警察官吏ヲシテ本人ヲ同行セシムルコトヲ得

第四十二条　検事ハ本人定リタル住居ヲ有セザル場合又ハ逃亡シ若ハ逃亡スル虞アル場合ニ於テ予防拘禁ノ請求ヲ為スニ付必要アルトキハ本人ヲ予防拘禁所ニ仮ニ収容スルコトヲ得但シ已ムコトヲ得ザル事由アル場合ニ於テハ監獄ニ仮ニ収容スルコトヲ妨ゲズ

前項ノ仮収容ハ本人ノ陳述ヲ聴キタル後ニ非ザレバ之ヲ為スコトヲ得ズ但シ本人陳述ヲ肯ゼズ又ハ逃亡シタル場合ハ此ノ限ニ在ラズ

第四十三条　前条ノ仮収容ノ期間ハ十日トス其ノ期間内ニ予防拘禁ノ請求ヲ為サザルトキハ速ニ本人ヲ釈放スベシ

第四十四条　予防拘禁ノ請求アリタルトキハ裁判所ハ本人ノ陳述ヲ聴キ決定ヲ為スベシ此ノ場合ニ於テハ裁判所ハ本人ニ出頭ヲ命ズルコトヲ得

本人陳述ヲ肯ゼズ又ハ逃亡シタルトキハ陳述ヲ聴カズシテ決定

ヲ為スコトヲ得
刑ノ執行終了前予防拘禁ノ請求アリタルトキハ裁判所ハ刑ノ執行終了後ト雖モ予防拘禁ニ付スル旨ノ決定ヲ為スコトヲ得

第四十五条　裁判所ハ事実ノ取調ヲ為スニ付必要アル場合ニ於テハ参考人ニ出頭ヲ命ジ事実ノ陳述又ハ鑑定ヲ為サシムルコトヲ得
裁判所ハ公務所ニ照会シテ必要ナル事項ノ報告ヲ求ムルコトヲ得

第四十六条　検事ハ裁判所ガ本人ヲシテ陳述ヲ為サシメ又ハ参考人ヲシテ事実ノ陳述若ハ鑑定ヲ為サシムル場合ニ立会ヒ意見ヲ開陳スルコトヲ得

第四十七条　本人ノ属スル家ノ戸主、配偶者又ハ四親等内ノ血族若ハ三親等内ノ姻族ハ裁判所ノ許可ヲ受ケ輔佐人ト為ルコトヲ得
輔佐人ハ裁判所ガ本人ヲシテ陳述ヲ為サシメ若ハ参考人ヲシテ事実ノ陳述若ハ鑑定ヲ為サシムル場合ニ立会ヒ意見ヲ開陳シ又ハ参考ト為ルベキ資料ヲ提出スルコトヲ得

第四十八条　左ノ場合ニ於テハ裁判所ハ本人ヲ勾引スルコトヲ得
一　本人定リタル住居ヲ有セザルトキ
二　本人逃亡シタルトキ又ハ逃亡スル虞アルトキ
三　本人正当ノ理由ナクシテ第四十四条第一項ノ出頭命令ニ応ゼザルトキ

第四十九条　前条第一号又ハ第二号ニ規定スル事由アルトキハ裁判所ハ本人ヲ予防拘禁所ニ仮ニ収容スルコトヲ得但シ已ムコトヲ得ザル事由アル場合ニ於テハ監獄ニ仮ニ収容スルコトヲ妨ゲズ
本人監獄ニ在ルトキハ前項ノ事由ナシト雖モ之ヲ仮ニ収容スルコトヲ得

第四十二条第二項ノ規定ハ第一項ノ場合ニ付之ヲ準用ス

第五十条　別段ノ規定アル場合ヲ除クノ外刑事訴訟法中勾引ニ関スル規定ハ第四十八条ノ勾引ニ、勾留ニ関スル規定ハ第四十二条及前条ノ仮収容ニ付之ヲ準用ス但シ保釈及責付ニ関スル規定ハ此ノ限ニ在ラズ

第五十一条　予防拘禁ニ付セザル旨ノ決定ニ対シテハ検事ハ即時抗告ヲ為スコトヲ得
予防拘禁ニ付スル旨ノ決定ニ対シテハ本人及輔佐人ハ即時抗告ヲ為スコトヲ得

第五十二条　別段ノ規定アル場合ヲ除クノ外刑事訴訟法中決定ニ関スル規定ハ第四十四条ノ決定ニ、即時抗告ニ関スル規定ハ前条ノ即時抗告ニ付之ヲ準用ス

第五十三条　予防拘禁ニ付セラレタル者ハ予防拘禁所ニ之ヲ収容シ改悛セシムル為必要ナル処置ヲ為スベシ
予防拘禁所ニ関スル規程ハ勅令ヲ以テ之ヲ定ム

第五十四条　予防拘禁ニ付セラレタル者ハ法令ノ範囲内ニ於テ他人ト接見シ又ハ信書其ノ他ノ物ノ授受ヲ為スコトヲ得
予防拘禁ニ付セラレタル者ニ対シテハ信書其ノ他ノ物ノ検閲、差押若ハ没取ヲ為シ又ハ保安若ハ懲戒ノ為必要ナル処置ヲ為スコトヲ得仮ニ収容セラレタル者及本章ノ規定ニ依リ勾引状ノ執行ヲ受ケ留置セラレタル者ニ付亦同ジ

第五十五条　予防拘禁ノ期間ハ二年トス特ニ継続ノ必要アル場合ニ於テハ裁判所ハ決定ヲ以テ之ヲ更新スルコトヲ得
予防拘禁ノ期間満了前更新ノ請求アリタルトキハ裁判所ハ期間

満了後ト雖モ更新ノ決定ヲ為スコトヲ得
更新ノ決定ハ予防拘禁ノ期間満了後確定シタルトキト雖モ之ヲ期間満了ノ時確定シタルモノト看做ス
第四十条、第四十一条及第四十四条乃至第五十二条ノ規定ハ更新ノ場合ニ付之ヲ準用ス此ノ場合ニ於テ第四十九条第二項中監獄トアルハ予防拘禁所トス
第五十六条　予防拘禁ノ期間ハ決定確定ノ日ヨリ起算ス
拘禁セラレザル日数又ハ刑ノ執行ノ為拘禁セラレタル日数ハ決定確定後ト雖モ前項ノ期間ニ算入セズ
第五十七条　決定確定ノ際本人受刑者ナルトキハ予防拘禁ハ刑ノ執行終了後之ヲ執行ス
監獄ニ在ル本人ニ対シ予防拘禁ヲ執行セントスル場合ニ於テ移送ノ準備其ノ他ノ事由ノ為特ニ必要アルトキハ一時拘禁ヲ継続スルコトヲ得
予防拘禁ノ執行ハ本人ニ対スル犯罪ノ捜査其ノ他ノ事由ノ為特ニ必要アルトキハ決定ヲ為シタル裁判所ノ検事又ハ本人ノ現在地ヲ管轄スル地方裁判所ノ検事ノ指揮ニ因リ之ヲ停止スルコトヲ得
刑事訴訟法第五百三十四条乃至第五百三十六条及第五百四十四条乃至第五百五十二条ノ規定ハ予防拘禁ノ執行ニ付之ヲ準用ス
第五十八条　予防拘禁ニ付セラレタル者収容後其ノ必要ナキニ至リタルトキハ第五十五条ニ規定スル期間満了前ト雖モ行政官庁ノ処分ヲ以テ之ヲ退所セシムベシ
第四十条第三項ノ規定ハ前項ノ場合ニ付之ヲ準用ス
第五十九条　予防拘禁ノ執行ヲ為サザルコト二年ニ及ビタルトキハ決定ヲ為シタル裁判所ノ検事又ハ本人ノ現在地ヲ管轄スル地方裁判所ノ検事ハ事情ニ因リ其ノ執行ヲ免除スルコトヲ得
第四十条第三項ノ規定ハ前項ノ場合ニ付之ヲ準用ス
第六十条　天災事変ニ際シ予防拘禁所内ニ於テ避難ノ手段ナシト認ムルトキハ収容セラレタル者ヲ他所ニ護送スベシ若シ護送スルノ暇ナキトキハ一時之ヲ解放スルコトヲ得
解放セラレタル者ハ解放後二十四時間内ニ予防拘禁所又ハ警察官署ニ出頭スベシ
第六十一条　本章ノ規定ニ依リ予防拘禁所若ハ監獄ニ収容セラレタル者又ハ勾引状若ハ逮捕状ヲ執行セラレタル者逃走シタルトキハ一年以下ノ懲役ニ処ス
前条第一項ノ規定ニ依リ解放セラレタル者同条第二項ノ規定ニ違反シタルトキ亦前項ニ同ジ
第六十二条　収容設備若ハ械具ヲ損壊シ、暴行若ハ脅迫ヲ為シ又ハ二人以上通謀シテ前条第一項ノ罪ヲ犯シタル者ハ三月以上五年以下ノ懲役ニ処ス
第六十三条　前二条ノ未遂罪ハ之ヲ罰ス
第六十四条　本法ニ規定スルモノノ外予防拘禁ニ関シ必要ナル事項ハ命令ヲ以テ之ヲ定ム
第六十五条　朝鮮ニ在リテハ予防拘禁ニ関シ地方裁判所ノ為スベキ決定ハ地方法院ノ合議部ニ於テ之ヲ為ス
朝鮮ニ在リテハ本章中地方裁判所ノ検事トアルハ地方法院ノ検事、思想犯保護観察法トアルハ朝鮮思想犯保護観察令、刑事訴訟法トアルハ朝鮮刑事令ニ於テ依ルコトヲ定メタル刑事訴訟法トス

附則

本法執行ノ期日ハ勅令ヲ以テ之ヲ定ム

第一章ノ改正規定ハ本法施行前従前ノ規定ニ定メタル罪ヲ犯シタル者ニ亦之ヲ適用ス但シ改正規定ニ定ムル刑ガ従前ノ規定ニ定メタル刑ヨリ重キトキハ従前ノ規定ニ定メタル刑ニ依リ処断ス
第二章ノ改正規定ハ本法施行前公訴ヲ提起シタル事件ニ付テハ之ヲ適用セズ
第三章ノ改正規定ハ従前ノ規定ニ定メタル罪ニ付本法施行前刑ニ処セラレタル者ニ亦之ヲ適用ス
本法施行前朝鮮刑事令第十二条乃至第十五条ノ規定ニ依リ為シタル捜査手続ハ本法施行後ト雖モ仍其ノ効力ヲ有ス
前項ノ捜査手続ニシテ本法ニ之ニ相当スル規定アルモノハ之ヲ本法ニ依リ為シタルモノト看做ス
本法施行前朝鮮思想犯予防拘禁令ニ依リ為シタル予防拘禁ニ関スル手続ハ本法施行後ト雖モ仍其ノ効力ヲ有ス
前項ノ予防拘禁ニ関スル手続ニシテ本法ニ之ニ相当スル規定アルモノハ之ヲ本法ニ依リ為シタルモノト看做ス

5 「満洲国」治安維持法（一九四一年一二月二七日）

第一条　国体ヲ変革スルコトヲ目的トシテ団体ヲ結成シタル者又ハ団体ノ謀議ニ参与シ若ハ指導ヲ為シ其ノ他団体ノ要務ヲ掌理シタル者ハ死刑又ハ無期徒刑ニ処ス
情ヲ知リテ前項ノ団体ニ参加シタル者又ハ団体ノ目的遂行ノ為ニスル行為ヲ為シタル者ハ死刑又ハ無期若ハ十年以上ノ徒刑ニ処ス
第二条　強暴若ハ脅迫ニ依ル財物ノ強取、殺人、放火其ノ他凶悪ノ手段ニ依リ安寧秩序ヲ紊ルコトヲ目的トシテ団体ヲ結成シタル者又ハ団体ノ謀議ニ参与シ若ハ指導ヲ為シ其ノ他団体ノ要務ヲ掌理シタル者ハ死刑又ハ無期若ハ十年以上ノ徒刑ニ処ス
情ヲ知リテ前項ノ団体ニ参加シタル者又ハ団体ノ目的遂行ノ為ニスル行為ヲ為シタル者ハ死刑又ハ無期若ハ六年以上ノ徒刑ニ処ス
第三条　国体ヲ否定シ又ハ建国神廟若ハ帝室ノ尊厳ヲ冒瀆スベキ事項ヲ流布スルコトヲ目的トシテ団体ヲ結成シタル者又ハ団体ノ謀議ニ参与シ若ハ指導ヲ為シ其ノ他団体ノ要務ヲ掌理シタル者ハ死刑又ハ無期若ハ六年以上ノ徒刑ニ処ス
情ヲ知リテ前項ノ団体ニ参加シタル者又ハ団体ノ目的遂行ノ為ニスル行為ヲ為シタル者ハ死刑又ハ無期若ハ三年以上ノ徒刑ニ処ス
第四条　第一条第一項又ハ第二条第一項ノ目的ヲ以テ暴動、放火、殺人、強盗其ノ他公安又ハ生命、身体若ハ財産ニ害ヲ加フベキ犯罪ヲ犯シタル者ハ左ノ区別ニ依リ之ヲ処断ス
一　第一条第一項及第二条第一項ニ掲グル者ハ死刑
二　第一条第二項及第二条第二項ニ掲グル者ハ死刑又ハ無期徒刑
三　其ノ他ノ者ハ死刑又ハ無期若ハ十年以上ノ徒刑
第五条　第一条又ハ第三条ノ目的ヲ以テ其ノ目的タル事項ノ実行ニ関シ協議シ若ハ煽動シ又ハ其ノ目的タル事項ヲ宣伝シ其ノ他其ノ目的遂行ノ為ニスル行為ヲ為シタル者ハ死刑又ハ無期若ハ三年以上ノ徒刑ニ処ス
第二条ノ目的ヲ以テ其ノ目的タル事項ノ実行ニ関シ協議シ若ハ煽動シタル者又ハ前条ノ罪ヲ犯サシムル為煽動ヲ為シタル者亦前項ニ同ジ
第六条　第一条第一項又ハ第二条第一項ノ目的ヲ以テ其ノ目的タ

ル事項ノ実行ヲ為サシムル為警察事務ニ従事スル者又ハ帝国若ハ攻守同盟国ノ軍務ニ服スル者其ノ他武装団体ニ属スル者ヲ煽動シタル者ハ死刑又ハ無期若ハ十年以上ノ徒刑ニ処ス

第七条　前六条ノ罪ヲ犯シ又ハ犯サントスル者ニ対シ情ヲ知リテ金品其ノ他財産上ノ利益ヲ供与シ又ハ其ノ申込、約束ヲ為シ若ハ其ノ他ノ方法ヲ以テ便宜ヲ与ヘタル者ハ死刑又ハ無期若ハ三年以上ノ徒刑ニ処ス

第八条　前七条ノ罪ヲ犯サシムルコトヲ目的トシテ金品其ノ他財産上ノ利益ヲ供与シ又ハ其ノ申込若ハ約束ヲ為シタル者ハ死刑又ハ無期若ハ三年以上ノ徒刑ニ処ス

情ヲ知リテ供与ヲ受ケ又ハ其ノ要求若ハ約束ヲ為シタル者ハ無期又ハ三年以上ノ徒刑ニ処ス

第九条　本法ノ罪ヲ犯シタル者官ニ発覚スル前自首シタルトキハ其ノ刑ヲ減軽又ハ免除スルコトヲ得

第十条　法院ハ本法ノ罪ヲ犯シタル者ニ対シ其ノ情状ニ依リ二年以上五年ヲ超ヘザル期間内ニ於テ謹慎ヲ誓約セシメ刑ノ宣告ヲ猶予スルコトヲ得

前項ノ規定ニ依リ刑ノ宣告ヲ猶予セラレタル者其ノ期間内ニ於テ誓約ニ違反シタルトキハ刑ノ宣告ノ猶予ハ其ノ効力ヲ失フ

誓約ニ違反スルコトナク其ノ期間ヲ経過シタルトキハ公訴ハ其ノ効力ヲ失フ

第十一条　本法ハ何人ヲ問ハズ帝国ノ領域外ニ於テ罪ヲ犯シタル者ニ亦之ヲ適用ス

附則

本法ハ公布ノ日ヨリ之ヲ施行ス

資料　治安維持法関連年表

年	主なできごと
1900	治安警察法公布
1904	日露戦争はじまる
1909	新聞紙法公布
1910	大逆事件，韓国併合
1911	警視庁に特高警察課設置
1917	ロシア革命
1918	米騒動
1920	東大森戸辰男事件
1921	第一次大本教事件
1922	過激社会運動取締法案を議会に提出（審議未了），日本共産党創立
1923	第一次日本共産党事件，関東大震災，治安維持令（緊急勅令），亀戸事件，甘粕事件，虎の門事件
1924	川井訓導事件（長野），学生社会科学連合会（学連）結成
1925	日ソ基本条約調印，治安維持法成立（4.22公布，5.12施行），普通選挙法成立（5.5公布），農民労働党結成（即日禁止処分），電拳団事件（朝鮮で最初の適用か），朝鮮共産党事件（朝鮮）
1926	京都学連事件（国内最初の適用），日本共産党の再建，新台湾安社事件（台湾で最初の適用）
1927	北海道集産党事件
1928	三・一五事件，治安維持法「改正」（死刑追加，目的遂行罪導入），特高警察全県設置，思想検事各地裁配置，思想憲兵の設置，文部省に学生課設置（のちに学生部に拡充）
1929	山本宣治刺殺，四・一六事件，生活綴方運動の高揚，光州学生運動（朝鮮）
1930	共産党全国的検挙，共産党シンパ事件で三木清ら検挙，新興教育研究所（新興）創立，日本教育労働者組合（教労）結成
1931	文部省内に学生思想問題調査委員会設置，満洲事変
1932	警視庁に特別高等警察部設置，長谷川テル（奈良）検挙，村山俊太郎（山形）検挙，暫行懲治盗匪法・暫行懲治叛徒法（「満洲国」）
1933	河上肇検挙，二・四事件（長野），小林多喜二虐殺，滝川事件，思想対策協議委員会設置，定平農民組合事件（朝鮮），この年，治安維持法による検挙者最多
1934	文部省，学生部を思想局に拡充
1935	天皇機関説事件，日本共産党中央部の壊滅，第二次大本教事件

1936	思想犯保護観察法公布，平野義太郎ら一斉検挙（コム・アカデミー事件），台湾二中「列星会」事件（台湾）
1937	日中戦争はじまる，第一次人民戦線事件，文部省教学局設置，矢内原忠雄事件
1938	第二次人民戦線事件，国家総動員法制定，河合栄治郎事件，唯物論研究会事件，石川達三『生きてゐる兵隊』発禁処分，常緑会事件（朝鮮）
1939	映画法公布（映画の国家統制），朝鮮総督府が創氏改名強制
1940	津田左右吉『神代史の研究』など発禁，村山俊太郎二回目の検挙，北海道綴方教育連盟事件，大政翼賛会成立
1941	治安維持法「改正」（予防拘禁制追加），北海道生活図画事件，ゾルゲ事件発覚，アジア太平洋戦争はじまる，開戦非常措置により宮本百合子ほか多数の共産主義運動関係者と在日朝鮮人を一斉検挙・検束，言論出版集会結社等臨時取締法，「満洲国」治安維持法施行，東港鳳山事件（台湾），田白工作事件（「満洲国」）
1942	細川嘉六『改造』掲載論文で検挙，諺文研究会会員検挙（朝鮮）
1943	中央公論社員ら共産党再建容疑で検挙（泊事件），創価教育学会弾圧
1944	『中央公論』『改造』等の編集者検挙（横浜事件の拡大），ゾルゲと尾崎秀実処刑
1945	戸坂潤獄死，第二次世界大戦終結，三木清獄死，人権指令（治安維持法廃止，特高警察廃止，政治犯釈放），日本共産党第４回大会（党の再建）
1946	公職追放指令，日本国憲法公布，文部省が教育勅語の奉読廃止通達
1947	教育基本法公布，不敬罪廃止，内務省廃止，日本教職員組合（日教組）結成，二・二八事件（台湾）
1948	新警察制度発足，教育勅語失効，「合衆国の対日政策に関する国家安全保障会議の勧告」（米国），国家保安法施行（韓国）
1949	日本学術会議創立，検定教科書使用開始，団体等規正令，下山・三鷹・松川事件，レッド・パージはじまる，歴史教育者協議会創立，戒厳令・懲治叛乱条例（台湾）
1950	日本学術会議が戦争目的の研究に従事せずと決議，マッカーサーが日本共産党中央委員全員の追放を指令，朝鮮戦争勃発，警察予備隊創設
1951	日教組「教え子を再び戦場に送るな」，旧特高警察関係者の追放解除
1952	東大ポポロ事件，破壊活動防止法施行，公安調査庁発足
1953	教育課程審議会が道徳教育強調，池田・ロバートソン会談
1954	京都旭丘中学事件，教育の政治的中立確保に関する臨時措置法，防衛庁・自衛隊発足
1955	日本民主党「うれうべき教科書の問題」
1956	教育委員の任命制，検定強化のため教科書調査官設置
1957	警視庁公安部創設，愛媛県教委が勤務評定実施を通知，勤評闘争
1958	小中学校学習指導要領官報告示

1959	松川事件で最高裁は原判決破棄差し戻し判決
1960	新安保条約強行採決，全国校長協会が高校生のデモ参加を戒める声明
1961	文部省が中学2，3年生一斉学力調査実施，『思想の科学』天皇制特集号発売中止
1962	大学の自治を守る会結成，首相の私的諮問機関「国づくり懇談会」「人づくり懇談会」
1963	松川事件で最高裁上告棄却全員無罪確定，教科書無償措置法公布
1964	憲法調査会が両論併記の最終報告書
1965	中教審「期待される人間像」中間草案発表，家永三郎教科書検定民事訴訟（家永教科書裁判はじまる）
1966	紀元節復活の祝日法改正案，紀元節復活国民集会，旭川学力テスト裁判一審判決
1967	初の建国記念の日，家永三郎教科書不合格処分取消行政訴訟（第二次訴訟）
1968	治安維持法犠牲者国家賠償要求同盟結成，旭川学力テスト裁判二審判決
1969	大学の運営に関する臨時措置法，文部省が高校生の政治活動禁止を通知
1970	家永教科書第二次訴訟の東京地裁判決（杉本判決）
1971	青年法律家協会員が裁判官に不採用
1972	国会議員，文化人ら「国民の知る権利を守る会」結成
1973	東大ポポロ事件で最高裁が上告棄却・有罪確定
1974	家永第一次教科書訴訟東京地裁判決（高津判決）
1975	主任制反対闘争，家永第二次教科書訴訟で検定は違憲と判決，『いばらの道をふみこえて』発行
1976	国会で春日一幸民社党委員長が治安維持法肯定論を展開，旭川学力テスト裁判最高裁判決
1977	文部省が「君が代」を国歌とする小中学校の学習指導要領を告示
1978	元号法制化閣議決定，中野区議会が全国初の教育委員準公選条例可決，清水幾太郎「戦後を疑う」（『中央公論』6月号）で治安維持法の擁護・肯定論を展開
1979	元号法公布・施行
1980	自民党が社会科教科書批判キャンペーン開始
1981	『疑問だらけの中学教科書』発行，防衛白書が愛国心教育の必要を強調
1982	中国，韓国などが教科書検定による教科書記述抗議，教科書検定に近隣諸国条項
1983	文部省が特設「道徳」の徹底を都道府県教委に通達
1984	家永三郎第三次教科書裁判（80年代検定を争う）を提訴，臨時教育審議会設置
1985	自民党が国家秘密法案を提出（廃案），日本共産党国際部長宅電話盗聴事件
1986	日本を守る国民会議編の高校日本史教科書検定合格

1987	朝日新聞阪神支局襲撃事件，動員戡乱時期国家安全法（韓国）
1988	奥野誠亮国土庁長官が中国への侵略否定発言で辞職
1989	裕仁天皇死去前後に自粛現象
1990	弓削達フェリス女学院大学学長宅を右翼が銃撃
1991	すべての小学校教科書に日の丸が国旗，君が代が国歌と掲載される
1992	政府，「慰安婦」について日本軍の直接関与を認める
1993	家永教科書第一次訴訟で最高裁「検定制度は合憲」とし上告を棄却，「河野談話」（「慰安婦」問題への旧日本軍の関与を認める），自民党「歴史・検討委員会」設置
1994	村山富市首相が「日の丸・君が代」の学校での指導を容認
1995	「村山談話」（日本の植民地支配と侵略を反省），自民党「歴史・検討委員会」が『大東亜戦争の総括』発行
1996	「慰安婦」問題で教科書攻撃強まる
1997	家永教科書第三次訴訟最高裁判決（検定制度は合憲，四か所の記述削除は違憲），「新しい歴史教科書をつくる会」発足，「日本会議」設立
1998	教育課程審議会が「日の丸・君が代」の指導強化を求める答申
1999	国旗・国歌法成立
2000	森喜朗首相「日本は天皇を中心とする神の国」発言，首相の私的諮問機関である教育改革国民会議が教育基本法の見直しを提言
2001	「新しい歴史教科書をつくる会」の中学「歴史」「公民」教科書が合格
2002	東京地裁が中国人提訴の旧日本軍731部隊で細菌戦を初認定
2003	横浜事件の再審決定，東京都教育委員会が「日の丸・君が代」強制の通達，都立七生養護学校の性教育介入事件
2004	立川反戦ビラ入れ事件
2005	NHK報道番組に安倍晋三ら自民党議員が介入
2006	横浜事件再審裁判で免訴判決，東京「君が代」裁判で東京地裁が違憲判決，改正教育基本法成立
2007	全国学力テスト43年ぶりに実施
2008	日教組教研の会場をホテルが高裁決定に従わず使用拒否し全体集会中止
2009	横浜事件第四次再審請求で横浜地裁が免訴判決（再審裁判終結）
2010	横浜地裁が横浜事件の刑事補償を認める判決
2011	大阪府議会が「君が代」の起立斉唱を義務づける条例可決
2012	自民党が「日本国憲法改正草案」発表，大阪府教育基本条例
2013	特定秘密保護法制定，日本版NSC設置法，七生養護学校事件高裁判決確定

2014	教科書検定基準改定（政府の統一見解にもとづく記述），地方教育行政法改定（教育委員会制度見直し），「九条俳句」公民館だより掲載拒否，大垣警察市民監視事件
2015	文科省は「道徳の時間」を「特別の教科　道徳」に変更，安保法制公布
2016	横浜事件国家賠償請求裁判で東京地裁は請求棄却
2017	共謀罪法成立，教育勅語に関して閣議決定
2018	小学校で「道徳」教科化はじまる，文科省が前川喜平前事務次官の公立中学での授業について報告求める
2019	中学校で「道徳」教科化はじまる，街頭演説でのヤジ排除事件，あいちトリエンナーレ「表現の不自由展」中止
2020	日本学術会議会員任命拒否事件，大川原化工機事件
2021	政府が「従軍慰安婦」を「慰安婦」，「強制連行」を「徴用」「動員」とする閣議決定，京都ウトロ放火事件
2022	安倍晋三首相銃撃事件，安倍元首相「国葬」，「安保三文書」閣議決定
2023	入管法「改正」，国立大学法人法「改正」
2024	重要経済安全保障情報保護活用法制定，奈良教育大附属小「不適切指導」事件，「群馬の森」朝鮮人追悼碑撤去，日本学術会議の在り方に関する有識者懇談会「最終報告」，報道の自由ランキング日本70位（G7最下位），「非常戒厳」発令（韓国）
2025	「能動的サイバー防御」法案を閣議決定

参考：山住正己『日本教育小史』岩波新書，1987年，歴史学研究会編『日本史年表 第5版』岩波書店，2017年など。

編者
荻野富士夫（おぎの　ふじお）　1953年生まれ　小樽商科大学名誉教授
主要著作：『治安維持法関係資料集』全4巻，新日本出版社，1996年
『よみがえる戦時体制――治安体制の歴史と現在』集英社新書，2018年
『治安維持法の歴史』シリーズ全6巻，六花出版，2021～23年
『検証 治安維持法――なぜ「法の暴力」が蔓延したのか』平凡社新書，2024年

歴史教育者協議会（歴教協）
戦前の教育への反省の中から1949年に結成され，以来一貫して日本国憲法の理念をふまえた科学的な歴史教育・社会科教育の確立をめざし，その実践と研究・普及活動を積み重ねてきた。全国に会員と支部組織をもち，授業づくりの研究をはじめ，地域の歴史の掘り起こしやさまざまな歴史教育運動にも取り組む。機関誌『歴史地理教育』を発行し，毎年夏には全国大会を開催している。2011年4月より一般社団法人に移行した。https://www.rekkyo.org/

執筆者（＊は歴教協の編集委員）
伊藤和彦（いとう　かずひこ）　1973年生まれ　名古屋市立名東高等学校教諭
内田一樹（うちだ　かずき）　1991年生まれ　自由の森学園中学高等学校教諭
＊河合美喜夫（かわい　みきお）　1952年生まれ　元東京都立高等学校教員／元中央大学特任教授
川嶋均（かわしま　ひとし）　1961年生まれ　東京藝術大学講師
黒川伊織（くろかわ　いおり）　1974年生まれ　会社役員／神戸大学大学国際文化学研究科協力研究員
小平千文（こだいら　ちふみ）　1942年生まれ　上田小県近現代史研究会会長
＊桜井千恵美（さくらい　ちえみ）　1954年生まれ　歴教協副委員長
白神優理子（しらが　ゆりこ）　1983年生まれ　弁護士
＊関原正裕（せきはら　まさひろ）　1953年生まれ　日朝協会会長／元歴教協副委員長
田中隆夫（たなか　たかお）　1948年生まれ　治安維持法犠牲者国家賠償要求同盟兵庫県本部
田辺実（たなべ　みのる）　1938年生まれ　奈良・長谷川テル顕彰の会事務局長／治安維持法犠牲者国家賠償要求同盟奈良県本部前会長
西田千津（にしだ　ちづ）　1963年生まれ　奈良・長谷川テル顕彰の会推進委員
布施祐仁（ふせ　ゆうじん）　1976年生まれ　ジャーナリスト
本庄豊（ほんじょう　ゆたか）　1954年生まれ　立命館大学非常勤講師
＊丸浜昭（まるはま　あきら）　1950年生まれ　元筑波大学附属駒場中・高等学校教員／元歴教協事務局長・副委員長
村山士郎（むらやま　しろう）　1944年生まれ　大東文化大学名誉教授
山田朗（やまだ　あきら）　1956年生まれ　明治大学文学部教授
山本志都（やまもと　しづ）　1966年生まれ　弁護士（横浜事件国賠弁護団）

DTP　岡田グラフ
装幀　宮川和夫事務所

治安維持法一〇〇年――「新しい戦中」にしないために

2025年3月31日　第1刷発行
2025年6月23日　第2刷発行

定価はカバーに
表示してあります

編　者　荻野　富士夫
　　　　歴史教育者協議会
発行者　中川　進

〒113-0033　東京都文京区本郷 2-27-16
発行所　株式会社　大月書店

印刷　太平印刷社
製本　中永製本

電話（代表）03-3813-4651　FAX 03-3813-4656　振替00130-7-16387
https://www.otsukishoten.co.jp/

ISBN978-4-272-51019-1　C0021　Printed in Japan